Klaus Heinrich · anfangen mit freud

Reden und kleine Schriften 1

Klaus Heinrich

anfangen mit freud

Stroemfeld/Roter Stern

Stroemfeld Verlag
CH-4007 Basel · Oetlingerstr. 19
D-60322 Frankfurt am Main · Holzhausenstr. 4

Satz: bLoch Verlag, Frankfurt am Main
Druck und Verarbeitung: Offizin Andersen Nexö, Leipzig
Printed in the Federal Republic of Germany

Die Deutsche Bibliothek – CIP-Einheitsaufnahme

Heinrich, Klaus:
Reden und kleine Schriften / Klaus Heinrich. – Basel ;
Frankfurt am Main : Stroemfeld
(Roter Stern)

1. Anfangen mit Freud. – 1997
ISBN 3-87877-611-X

Inhalt

Vorwort

Anfangen mit Freud – so formuliert, ist das ein Appell, der Aussperrung bis 1945, die eine damnatio memoriae war, nicht eine zweite folgen zu lassen, die einer Provinzialisierung gleichkäme. Für die Geisteswissenschaften in unserem Land, anders als in dem bewußt den Cartesianischen Bruch verarbeitenden Frankreich der Kriegs- und Nachkriegsgeneration, ist die Psychoanalyse kein Ferment der Reflexion geworden. Sie haben die Aussperrung fortgesetzt und sind damit dem Modell einer ambivalenzfreien Phänomenologie gefolgt, das die Objektivität der ›Sachen selbst‹ versprach. Aber nur eine Philosophie, die den Menschen als bedürftiges und begehrliches Wesen ernstnimmt, vermag auch den Aufklärungsanspruch ernstzunehmen, den die psychoanalytische Deutung erhebt, und so den Psychoanalytiker als einen Bundesgenossen eigenen Erkennens. Ihr vornehmstes Ziel heute ist, den Schleier der Faszination zu durchdringen, der den Selbstzerstörungswunsch der Gattung umgibt; diesen als ein hilfloses Experiment der Selbstbehauptung, ja Selbsterkenntnis zu begreifen, das in zerstörerischen Aktionen sich entlädt; und ihm die Momente des Widerstehens abzugewinnen, ohne die seine Faszination nicht erklärbar wäre.

Verdrängung, Sog und *Spaltung* – die drei zentralen Themen dieses ersten Bändchens *Reden und kleine Schriften* – sind nicht auf psychoanalytische Wahrnehmung beschränkt. Philosophische Reflexion, die ihrem Gattungsauftrag nachkommen will, wird auf Kategorien wie diese nicht verzichten können, wenn sie das Subjekt der Erfahrung nicht von seinen eigenen Erfahrungen abspalten will. Hier können die Religionen, dieser Tresor der

Erfahrungen der Menschengattung, den erst die in ihnen selbst wirksame Reflexion zu öffnen verspricht, zu Verbündeten aufklärerischen Denkens werden. Eine religionsphilosophische Erörterung der Selbstzerstörungsprozesse wie die hier versuchte macht von dieser Chance Gebrauch.

Ich nehme es als ein gutes Zeichen für den Umgang mit den zentralen Fragen des Überlebens durch Erkennen, daß die drei hier veröffentlichten Reden eines Religionswissenschaftlers auf Einladung von Psychoanalytikern und Psychiatern hin gehalten worden sind.

Berlin, im September 1996, K.H.

I Anfangen mit Freud

Die ›wiederentdeckte‹ Psychoanalyse nach dem Krieg

Ihnen, lieber Herr Sonnemann, widme ich als Geburtstagsgabe diese Erinnerungsminiatur. Kritische Theorie war das Bedürfnis meiner Generation, seine Befriedigung von Lust begleitet. Daß diese Ihre weitere Lebensexpedition begleiten möge und viele Jüngere zu ebensolcher Lust verleiten, ist mein Wunsch für Sie zu diesem Tag.

Es ist eine Ehre und ein Vergnügen für mich, an diesem Ort und aus diesem Anlaß zu sprechen.* Als mich die Einladung er-

* Diese Rede wurde gehalten am 2. November 1989, im Rahmen einer *Arbeitstagung der Deutschen Psychoanalytischen Vereinigung (DPV)* mit dem Thema *Das Erbe Sigmund Freuds in Deutschland – 50 Jahre nach seiner Vertreibung*, als öffentlicher Vortrag aus Anlaß von Freuds 50. Todestag im Kurhaus von Wiesbaden, dem Ort des letzten Internationalen Psychoanalytischen Kongresses in Deutschland vor 1933, und intern publiziert im Tagungsbericht der DPV, herausgegeben von H. Luft und G. Maass, zu dem o. genannten Thema, Hofheim-Wiesbaden 1990, S. 33 ff. Sie war mein Beitrag zur Festschrift für Ulrich Sonnemann zu seinem 80. Geburtstag: *Spontaneität und Prozeß / Zur Gegenwärtigkeit Kritischer Theorie*, herausgegeben von Sabine Gürtler, Hamburg 1992, S. 103 ff., zusammen mit der auch hier dem Text vorangestellten kleinen Gratulationsadresse. – Die Anmerkungen, die sich auf Nachweise beschränken, folgen ohne Numerierung, jedoch mit Seitenangabe zu jedem Nachweis, dem Text (S. 32 ff.).

reichte, war mir klar, daß für einen Nichtanalytiker, dem die Psychoanalyse viel bedeutet, dessen Wissenschaft und Philosophie anders aussähe und ärmer wäre ohne sie – und der während seines ganzen Universitätslebens versucht hat, sie den Studenten in den geisteswissenschaftlichen Fächern einer Philosophischen Fakultät und ihrer Nachfolge-Fachbereiche als Instrument und Quelle unerläßlicher Einsicht nahezubringen –: daß für mich also diese Einladung zugleich die Aufforderung enthielt, sich zu erinnern. Es ist nicht meine Absicht, Ihnen hier ein objektives Bild der Nachkriegs-Psychoanalyse zu entwickeln, obschon ich mich um so viel Erinnerungsobjektivität wie möglich bemühen werde. Aber objekte Erinnerung ist gerade die, die subjektiv weiterwirkt, und so bitte ich Sie, um der Kritik willen ebenso wie zu meiner Entlastung die folgende Skizze mit Ihrer eigenen Erinnerung zu begleiten.

»Anfangen mit Freud« oder »Die ›wiederentdeckte‹ Psychoanalyse nach dem Krieg« – es versteht sich von selbst, daß Freud nicht wiederentdeckt zu werden brauchte außer in Deutschland, wo er verdrängt worden war, und daß dies für die Psychoanalyse erst recht nicht galt. Sie war ja weiter in Bewegung; ich brauche nur Namen zu nennen wie die der Balints, Melanie Kleins und ihrer Schule, Bions, Winnicotts, und nur daran zu erinnern, daß außerhalb Deutschlands längst Psychosenforschung betrieben wurde, die Psychose ein realer Behandlungsgegenstand war und nicht mehr nur das Randphänomen der Psychoanalyse selbst, an dem diese ihre therapeutische Begrenzung erkennt – und natürlich, denn nicht nur die Gesellschaft der Analytiker hatte sich verändert, entsprach dem eine Veränderung in der Realität: das Zurücktreten neurotischer Erscheinungsformen gegenüber einem ganz real Psychotisch-Werden der von anders nicht mehr aushaltbaren Erfahrungen traumatisierten Psyche. Das war etwas ganz anderes als das, was ein gängiges Nachkriegs-Erklärungsmuster zu erklären versprach, demzufolge die Härte der Realität den Luxus der Neurosenpflege nicht mehr gestatte – vielleicht, so wie der verspätete Einsatz der Psychosenbehandlung in Nachkriegs-Deutschland, auch dies ein Exempel für die Abwehr der Einsicht in eine psychotische Situation. Ich nenne dieses eine Beispiel nur, um das Mißverständnis nicht erst aufkommen zu lassen, ich spräche von einem Neubeginn in der Psychoanalyse selbst.

Statt dessen will ich mich erinnern und Ihnen erzählen, *wie* wir mit Freud – und *was* wir mit ihm angefangen haben nach dem Krieg. »Wir« bedeutet, daß ich noch eine zweite Einschränkung machen muß: wie eine Generation, die unmittelbar nach Kriegsende in Berlin zu studieren begann, Freud für sich entdeckt und mit Beschlag belegt hat. Dabei ist klar: ohne das Abgeschnittensein von der internationalen Entwicklung wäre es nicht so ausschließlich ein Anfang mit *Freud* gewesen. Aber verständlich ist auch, daß wir, in einer für uns unerhörten Anfangs-Situation, in allem den *Anfang* suchten; auch darum also unser »Zurück zu Freud«. Gleich an dieser Stelle muß ich differenzieren: wenigstens dreimal beherrschte Anfangspathos die Angehörigen meiner Generation. Das erstemal, als wir, Freigelassene in einer in Trümmern liegenden Kolonialstadt, mit utopischem Realismus zu studieren begannen. Das zweitemal, als wir, gegen den wiederauflebenden Zwang, den jetzt janusköpfigen des Stalinismus und, unterirdisch, aber gar nicht so ganz unterirdisch, der NS-Reaktion, eine, wie wir meinten, »freie« Universität ins Leben riefen. Das drittemal, als, nach einer sehr viel längeren Geschichte der Enttäuschung an und mit der Freien Universität, sich diese antiautoritär zu regen begann und eine neue Generation an die Hoffnungen der alten anzuknüpfen schien; auch wenn hier ein Generationswechsel stattgefunden hatte, muß ich davon berichten, denn damals kulminierte, nach überlanger Latenz, die Wiederentdeckung der Psychoanalyse an deutschen Universitäten nach dem Krieg. Damit aber war die Nachkriegsgeschichte dann auch zu Ende.

Der Anfang ist schnell erzählt. Bis wir die Friedrich-Wilhelms-Universität, danach Linden-Universität, heute Humboldt-Universität genannt, verließen, war Freud in allen Fächern, die er revolutioniert hat, offiziell nicht existent (und das sollte noch einige Zeit so bleiben). Nicht in der Psychologie, in der ein Zwillingsforscher sich um ambivalenzfreie Empirie bemühte; nicht in der Philosophie, in der die Reste des Neukantianismus mit den Neuen Ontologien um die funktionellere Sicht und die globalere Entlastung stritten; auch und erst recht nicht in der Psychiatrie, wo das Referat eines 18- oder 19jährigen Studenten, der die Macht des Erinnerns als den aktuellen Aspekt der Freudschen Methode hervorhob, auf Unverständnis stieß. Als 1948, im Jahr der Universitätsneugründung, die 5. Auflage der Jasperschen »Allgemeinen Psychopathologie« erschien, war sein Verdikt über die Psychoanalyse: als geistesgeschichtliches Phänomen sei sie Popularpsychologie, als psychologische Theorie verworren und, wo andere Methoden des Verstehens liebevoll erhellten, nichts als eine lieblose Entlarvungstechnik, common sense an einer geisteswissenschaftlichen Fakultät. Die Studenten mußten sich privat versorgen, aber das heißt nicht, daß auch ihre Diskussion Privatsache war. Spätestens in dem Moment, wo der studentische Gründungsausschuß für eine Freie Universität die Einrichtung eines psychoanalytischen Lehrstuhls vorsah und ein Institut für Psychoanalyse in greifbare Nähe rückte, wurde dies sichtbar. Aber ich greife der Zeit voraus.

Was faszinierte an dem neuentdeckten Freud? Es stand uns ja nicht das ›Werk‹ zur Verfügung, bis in die 60er Jahre sollte sich das Erscheinen der Londoner Ausgabe in Deutschland hinziehen. Elterliche Bibliotheken, zumal bei Analytikerkindern, Zufallsfunde am Bücherkarren (so spielte mir der Zufall 1946 »Massenpsychologie und Ich-Analyse«, dazu »Aus der Geschichte einer infantilen Neurose« in die Hand, und so wurden diese beiden Schriften mein ganz privater Anfang mit Freud) ließen nur sporadischen Zugang zu. 1953 erst begann die Serie der

Taschenbücher zu erscheinen, mit dem späten »Abriß der Psychoanalyse« und dem »Unbehagen in der Kultur«, 1956 erst trat »Totem und Tabu« hinzu. In öffentlicher Diskussion interessierte eigentlich erst nur das eine Thema: ob kollektive Verdrängung – also genau das, womit wir es real zu tun hatten – theoretisch möglich sei. Aber trotzdem läßt sich eine Figur skizzieren, die für die damalige studentische Freudrezeption verbindlich war und die Analytiker heute, soweit sie einer postmodernen, postexistentialistischen Generation angehören, verblüffen wird: Freud, im Gegenzuge zu der vulgärmarxistischen Lesart von der Psychoanalyse als bürgerlicher Individualpsychologie (diese Lesart wiederholte blind die psychiatrische Trennung der therapeutischen von der gattungsgeschichtlichen Dimension psychoanalytischer Erkenntnis), erschien uns, deren generationsspezifische Philosophie der Existentialismus war, als Existentialist. Niemals wurde er für uns, wie in der psychoanalytischen Bewegung selbst, zur Vaterfigur.

Um wieder ein Mißverständnis zu vermeiden: nicht von Jaspers' oder Heideggers Existenzphilosophie ist hier die Rede, sondern von jener französischen Résistance-Bewegung, die Unbedingtheitspathos mit dem Widerstand des Verstrickten in der Situation der Verstrickung selbst verband und die der deutschen Nachkriegsgeneration in Literatur und Lebensstil gratis das Bedürfnis nach Résistance und zugleich den Nachholbedarf an existentieller Erschütterung stillte. Genauer gesagt: Freud wirkte auf uns wie Scheidewasser im Existentialismus selbst. Er lehrte Verstrickung, Ambivalenz des Urteils, die über Generationenschranken hinweg weiterzuschleppende Schuld verstehen und zersetzte Phänomene, die nun nicht länger etwas schicksalhaft Ursprüngliches waren, von innen. ›Innere Zersetzung‹, einer der Leben bedrohenden Vorwürfe der Nazizeit, kehrte so als Leben erhaltender therapeutischer Zugriff wieder. Schon eine Ahnung davon reichte aus, um die andere Seite des Existentialismus, das Unbedingtheitspathos, kritischer zu betrachten. Die

Konstellation der »Fliegen« war ein Freudsches Szenario, Sartre hatte die verfolgende Schuld auf die Bühne gebracht – aber war es richtig, Orest ohne Selbstheilungsversuch, mit Unbedingtheits-Pathos, davoneilen zu lassen? War das nicht die Bestätigung eines Opferrituals anstelle einer ihn selbst verändernden Aufarbeitung? Andererseits: wäre Aufarbeitung nicht müßig gewesen in seiner – eben der Résistance-Situation? Wir entschieden uns, in Diskussionen damals, für die Erschütterung, den heilsamen Chok. Sartre war eine real existierende, im Hebbel-Theater umjubelte Person, Freud blieb – vorerst – ein Schemen.

Der Wunsch, daß dieser Schemen sich materialisieren möge, begleitete die Gründungsphase der neuen Universität. Deren Philosophische Fakultät sollte ursprünglich aus nur wenigen kritischen Disziplinen bestehen, Paul Tillich, bei einem seiner ersten Besuche im Nachkriegsdeutschland, hatte diesen Vorschlag gemacht. Carl Müller-Braunschweig – ich muß jetzt von einem anderen meiner Lehrer sprechen – sollte den neuen Psychoanalyse-Lehrstuhl besetzen. Nachdem Abrahams Versuch der Habilitation an dem von Freud vorhergesehenen Antisemitismus der Berliner Medizinischen Fakultät gescheitert war (das immerhin wußten wir damals), sollte jetzt die Institutionalisierung an der Philosophischen Fakultät nachgeholt werden. Wissenschaftlichkeits-Bedenken (Ist das eine wissenschaftliche Disziplin, deren Aussagen nicht ordentlich widerlegt werden können, also nicht dem Falsifikationsprinzip unterliegen?) unterbanden den Plan. Die Leitung eines Psychologischen Instituts lehnte Müller-Braunschweig ab – der institutionelle Anfang mit Freud an der Berliner Freien Universität beschränkte sich auf Lehraufträge, und vielleicht war die nunmehr forcierte Wiedergründung der Deutschen Psychoanalytischen Vereinigung in Berlin, mitsamt den Ihnen allen wohlbekannten Querelen, auch eine Folge dieser Enttäuschung.

Ich kenne die Diskussion, die über diese Gründung und über die Person Carl Müller-Braunschweig entbrannt ist, und hätte nicht übel Lust, in sie einzugreifen. Der schwer depressive Mann, der mit Illusionen und illusionistischen Mitteln etwas von der Wissenschaft der Illusionslosigkeit hatte am Leben erhalten und neu etablieren wollen, hat wie viele damals die Chance des Neubeginns überschätzt. Ich habe mir das erste Heft der »Psyche« nach dem Krieg noch einmal angesehen und die Stelle herausgesucht, wegen derer ich mit jugendlichem Unbedingtheitspathos – eine Entscheidung, die mich heute manchmal reut – auf das Abonnement verzichtet habe. »Ordnungsgefährdete Zeiten«, so heißt es in der Einleitung, »in denen die Gegenwart als Übergang und die Zukunft als gefährliche Ungewißheit empfunden werden, erproben den Menschen in harten Lagen« – das ist, 1947, die Sprache der Zeit davor. Ich fahre mit dem Zitat fort: »Er [dieser Mensch, also wir – K.H.] überrascht aber zugleich sich selbst wie seine Mitmenschen durch Sprunghaftigkeit und Unberechenbarkeit seines Verhaltens. Hierdurch [!] erklärt sich das allenthalben in unserem Zivilisationsbereich spürbare Verlangen nach psychologischer Kenntnis« – sprunghaft also und unberechenbar will sich dieser Mensch, trotz harter Gegenwart, den Luxus des Erkennens leisten. Aber nein, ein Luxus ist es nicht, vielmehr – letztes Zitat – »die Sehnsucht nach einer echten Stärkung«. Dementsprechend handelt der erste Beitrag denn auch nicht von Freud, sondern liefert »Platonische Urworte über die Psychotherapie«. – Kein Wort vom SS-Staat, von Massenmord und Krieg, sondern von der darauf folgenden, wohlgemerkt, »Härte ordnungsgefährdeter Zeiten« und der Psychoanalyse – »Anthropotherapie« ist der Oberbegriff, den die Verfasser hierfür wählen – als »echter Stärkung«. Allerdings mit »Anthropotherapie«, Menschentherapie, ist auch schon etwas von späterer Utopiebildung vorweggenommen.

Vielleicht verstehen Sie jetzt besser, warum wir mit Freud als Existentialisten und Lehrmeister der inneren Zersetzung begonnen haben – wie ich bis heute meine, keine schlechte Vorbereitung auf den Aufklärer Freud. Und vielleicht überzeugt es Sie nun, daß das, was wir bei Müller-Braunschweig lernten – Skepsis, Melancholie –, auch eine andere, freudnähere Sprache war. »Anthropologie und Trieblehre Freuds« waren die Stichworte für seine ersten Übungen, »Totem und Tabu« langjähriger Verhandlungsgegenstand – daneben herlaufend immer das Traumseminar, das zu einer veritablen, ihn wie alle Teilnehmer überraschenden Gruppenanalyse wurde. Eben das, was ihm unlängst vorgeworfen worden ist: daß sich die deutsche Nachkriegsanalyse mit seiner Neugründung gratis auf der Seite der Opfer habe ansiedeln wollen, also ein falsches Kontinuum für sich reklamierte, war, so empfand ich es damals, wo Gratis-Widerstand und Gratis-Heldentum weitverbreitete und weithin durchschaubare Phänomene waren, eher Gegenstand der Reflexion und Stoff seiner depressiven Reminiszenzen. Der Urvatermord des Psychoanalytikers spielte eine wohl nicht nur zur Verallgemeinerung bestimmte Rolle bei ihm. Ich hatte damals den Eindruck, daß gerade er zu oft und ausweglos die Schuldentstehungsfrage behandelte, über die »auf den Höhen der wirklichen Geistesgeschichte« (noch einmal Jaspers), bei Kierkegaard und Nietzsche nämlich, so viel abstrakter hinweggedacht worden war.

Aber Verstrickung und existentialistischer Protest, Schuld und Schuldverarbeitung waren in dieser Zeit des Kalten Kriegs schon keine Themen mehr. Die Beschäftigung mit Freud war in einen anderen Kontext getreten: den der Ursprungssuche, des Zurück in die Frühzeit der Gattung, das zugleich die Lösung von einer belastenden, die Gegenwart verzerrenden Geschichte war. Cerams Ursprungs-Bestseller »Götter Gräber und Gelehrte« erschien 1949, im gleichen Jahr wie Jaspers' hilfloses Buch über »Ursprung und Ziel der Geschichte«, ein Jahr später fand Heideggers 30er-Jahre-Vortrag »Der Ursprung des Kunstwerkes«, der das NS-Schicksals-Fundament ein bißchen tiefer legte, seine gläubige Gemeinde über die Philosophie hinaus, aber auch Le Corbusiers Wallfahrtskirche in Ronchamps, 1950 begonnen, wurde zum Ziel einer nicht mehr abreißenden spirituellen Ursprungs-Pilgerschaft, und Henry Moores archaisierende Figuren trugen Vorzeit in die wieder aufgebauten, durch Abschlagen der Putzfassaden psychisch gereinigten Städte hinein – alle erweckten sie das gleiche Bedürfnis und stillten es. Auch auf dieser Folie ist die Beschäftigung mit Freuds »Totem und Tabu«, die von nun an lektürebeherrschend war bis in die 60er Jahre hinein, verständlich: es gehörte, wie Horkheimers und Adornos »Dialektik der Aufklärung«, zu den Faszinationsbüchern einer Ursprungssuche mit Aufklärungsinteresse verknüpfenden Studentengeneration. Aber es war zugleich, nicht minder als Tillichs »Sozialistische Entscheidung« von 1932, ein mächtiges Korrektiv: es half dabei, die Ursprungsfaszination zu brechen.

Damit bin ich bei meinem zentralen Thema. Denn so, als Deuter der Symptome nicht nur individueller, sondern kollektiver Neurosen (bitte erlauben Sie mir einen Augenblick diesen unscharfen Wortgebrauch), als rekonstruktionsmächtig nicht nur gegenüber der individuellen, sondern der Gattungsgeschichte, hat Freud am nachhaltigsten auf meine Generation und die ihr folgenden gewirkt, bis einschließlich der Studentengeneration der 50er Jahre, die erst in den 60er Jahren in Erscheinung trat und deren viele Jahre währender Reflexionsprozeß heute so leicht in Spontanaktionen umgedeutet wird. Freuds Behandlungszimmer, angefüllt mit Idolen, glich einer Gattungshöhle. Aber die Anfänge, denen sein Interesse galt, hatten nicht die Qualität des, mit der wiederzuerlangenden Unschuld werbenden, Ursprungs. Eine gescheiterte Revolution, die Erhebung der Brüderhorde, stand am Anfang. Sie hatte ihr Opfer, den in Haßliebe um seine Omnipotenz beneideten Patriarchen, in einer unerhörten, von nun an zum Ritual aller Opfergemeinschaft – Opfergesellschaft – gehörenden Weise internalisiert, ihn wortwörtlich »gefressen«. Horkheimers und Adornos Lehre von der Internalisierung des Opfers ist die philosophische Nutzanwendung daraus, und ihr Versuch, die Aufklärung über sich selbst aufzuklären (Hegels Diktum), blieb Freud-Nachfolge. Aber während diese beiden auf Benjamins »schwache messianische Kraft« vertrauen mußten und Aufklärung über den gesellschaftlichen »Verblendungszusammenhang« – dies ihr die Lichtmetapher der Aufklärung zu Grabe tragendes Wort – nur in folgenloser philosophischer Reflexion und in nur wenig folgenreicherer ästhetischer Protestenergie zu haben war, hielt der Skeptiker und Stoiker Freud, selbst in den theoretisch düstersten Passagen seines Werks (dort nämlich, wo er erwägt, ob nicht der Lebenstrieb dem Todestrieb zuarbeite), an folgenreicher Aufklärung fest.

Herbert Marcuse, Idol der Studentenbewegung, hat die düsteren Passagen aufzuhellen versucht, indem er den unter dem Eindruck weltweit zunehmender Aggression von Freud erwogenen Primat des Todestriebs, das ebenso Vor wie Zurück zur unbelebten Materie, in ein aktuelles universales Ruhebedürfnis umstilisierte. Er hat, nur so konnte er seine Konstruktion phylogenetisch und ontogenetisch glaubwürdig machen, Freud zum Propheten einer hinter die heterosexuelle Spannung zurückfallenden Erosphilosophie gemacht. Aber Freud hätte die Umdeutung nicht nötig gehabt. Ihrer aller, soweit Sie Analytiker sind, tagtägliche Anstrengung widerlegt den Resignationsverdacht. Und so wenig der Anfang ein Ursprung war, vielmehr eine bis heute nachwirkende folgenreiche Störung, mehr noch: der im ersten Anlauf gescheiterte Versuch, ein beneidetes Übel – Omnipotenz – aus der Welt zu schaffen, so wenig war die Geschichte der Gattung vorgezeichnet, waren ihre Uraltkonflikte schon ausgestanden, das Ziel erkennbar. Das machte Freud, in unseren Augen, nachträglich noch einmal, und nun ohne Vorbehalt, zum Existentialisten. Er war jetzt so wenig ein Schemen, vielmehr ein Fels, daß wir meinten, dem Skeptiker Freud auch unsere Utopien aufbürden zu können, und ich darf Ihnen versichern: er hat nicht Schaden genommen dabei, sondern sie mit stoischem Gleichmut getragen.

Sie sahen allerdings anders aus als der Rückzug Marcuses ins freie Spiel der polymorph-perversen Vorlust als Gattungsziel und die hieran anknüpfende Eros-Mystik des anderen, hermetisch-radikaleren Idols der frühen 60er Jahre, Norman O. Brown. Daß Freud 1923, in der berühmten »Einschaltung in die Sexualtheorie« (Einschaltung nämlich in die »Drei Abhandlungen« von 1905) der infantilen Genitalorganisation eine weitere Entwicklungsphase zubilligte: nach der oralen und der analsadistischen und vor der explizit genitalen, also wortwörtlich eingeschaltet zwischen sie, die »phallische« Phase, war jetzt ein Anlaß zu spekulativer Freude. In diese Phase, in der der Gegensatz weiblich-männlich, also die Geschlechterspannung, noch nicht zur »Polarität« ausgebildet ist, fiel ja ontogenetisch der Ödipuskomplex, phylogenetisch dessen ihn prägende Vorgeschichte, für die er nur ein Statthalter war: die gescheiterte Revolution der Brüderhorde mit den bekannten Folgen. Neben der eher skeptischen Frage: war jede derartige Revolution zum Scheitern verurteilt? (wir hofften, nein), war Verdrängung und Wiederkehr des Verdrängten ein den gesellschaftlichen Zusammenhalt ebenso belastendes wie verbürgendes Geschehen? (wir befürchteten, ja), war nun auch Anlaß zur Utopie gegeben. Während im Leben des Individuums der phallischen Phase die genitale recht und schlecht folgt, sind wir gattungsgeschichtlich aus der phallischen Phase offensichtlich noch nicht herausgetreten: eben der Fortbestand des Ödipuskomplexes zeugt davon. Das gibt Anlaß, sich gattungsgeschichtlich eine genitale, keineswegs prägenitale, Utopie auszumalen, die nunmehr gleichberechtigt, ja mit älterem Recht, neben die der klassenlosen Gesellschaft trat. Sicherlich haben einige von Ihnen diese Zeit, die der endenden 50er, beginnenden 60er Jahre, mit einem gewissen berufsständischen Unbehagen verfolgt, und vielleicht reagieren Sie noch heute mit Idiosynkrasie auf diese Reminiszenz. Aber Ihr Beruf, der des Analytikers, begann damals, für kurze Zeit, eine ungeheure Faszination auszustrahlen: in jeder Ihrer mühevollen

Sitzungen arbeiteten Sie an der Konstruktion einer utopischen Gesellschaft mit.

Dieses eine Beispiel schon zeigt die Gefahr, auf die die meisten von Ihnen jetzt mit Kopfschütteln reagiert haben werden: daß der Erfahrungswissenschaft Psychoanalyse Freud-Philologie den Rang streitig macht. Aber der Schein trügt. Wo die Systembauten noch einmal ein ungeheures Gewicht für sich beanspruchten – Kant, Hegel, Marx –, durfte, was ihnen teils als Erfahrungswissenschaft entgegentrat, teils sich als eine solche partiell oder global mit ihnen verbünden wollte, nicht weniger als Systembau sein. So schwierig es war, ein System zu studieren, zu rekonstruieren, notfalls es herbeizudenken, so unerläßlich schien es zu sein. Die Wirklichkeit, durchaus nicht grundlos, erschien maskiert, doch im System entblößte sich das Ganze, und so konnte auch das kapitalistische Krebsgeschwür erst auf Systemebene attackiert werden. Es gab nur eine Möglichkeit, der immer mehr in Theorie sich verwandelnden Praxis das eminent praktische Gewicht der psychoanalytischen Theorie entgegenzuhalten: zu pochen auf die unablässige Korrektur, die diese Theorie aus der Analyse selbst, idealiter aus jeder analytischen Sitzung, jedem abgeschlossenen oder auch nicht abschließbaren Fall, strenggenommen jedem einzelnen Symptom, dem der Analytiker zu folgen bereit ist, empfängt – also klinische Theorie wie nur am Rande heute in den medizinischen Wissenschaften. Und noch ein zweites Argument hatte in jener Zeit, in der die Systeme als Stellvertreter einer störrischen Wirklichkeit behandelt, geheilt und miteinander verträglich gemacht werden sollten, Gewicht: daß nicht Verdrängen oder Nichtverdrängen die Alternative ist – jedenfalls nicht, solange wir weder mit noch ohne Verdrängung leben können –, sondern *Balance.* Spannungen aushalten und balancieren, das war die von Freud erlernbare Realutopie. Wo diese ernstgenommen wurde, setzte, analog der Deutungsarbeit in Ihrem Beruf, eine unermüdliche philosophische Übersetzungstätigkeit ein, und gerade diese war geeignet, dem Primat der Freud-Philologie den Rang streitig zu machen: indem sie Widerstände ernst nahm, die Verdrängtes indizierten (den Stoff der Religionswissenschaft zum Beispiel als das Verdrängte der Philosophie), die psychoanalytische Grundregel anwandte auf alle szientifischen Stoffe und Denkfiguren und sich auf die Unabgeschlossenheit angstabwehrender Einsicht im Denkprozeß der Gattung berief, der nun selber als ein analytischer Prozeß erschien. Ich komme am Ende darauf zurück. Nicht nur »Erinnern, Wiederholen und Durcharbeiten« aus dem Jahre 1914, auch die späte kleine Schrift über »Endliche und unendliche Analyse« wurde, so seltsam das klingt, damals zu einer philosophischen Methodenschrift.

Ich habe damit den Winkel der Betrachtung ganz auf die Universität verengt. Das entspricht deren eigener Blickverengung am Ende der 60er, Anfang der 70er Jahre, dem bisher narzißtischsten Kapitel ihrer Nachkriegsgeschichte, mit dem denn auch die Nachkriegsgeschichte der Freud-Rezeption, zumindest an den Berliner Hochschulen, endet. Was danach kam, war Rückzugsgefecht, in dem die Verteidiger Freuds – denn dazu waren sie nun geworden – Schritt für Schritt an Boden verloren, bis Psychoanalyse wieder eine ganz normale Spezialität geworden war, vertreten in medizinischen Fakultäten und an einzelnen geisteswissenschaftlichen Instituten, die Arbeit Ihrer, der Psychoanalytischen Vereinigung wieder zum eigentlichen Sammelbecken des szientifischen und philosophischen Fortschritts in der Analyse wurde, Freud in der Öffentlichkeit endgültig historisiert erschien.

Das Ende selbst war gekennzeichnet durch eine scheinbar sinnlose Fragestellung: den Streit um die Priorität von Freud und Marx. Nur scheinbar sinnlos, weil die Entscheidung, die Freud aus der Diskussion verdrängte, in der er bis dahin für *Erinnern, Wiederholen, Durcharbeiten* stand und so auch dem politisch Diskutierenden die *unendliche Analyse* abverlangte, eine sehr wohl deutbare Erscheinung war. Angstabwehr; der theoretisch kurze Weg als Rüstzeug für den »Langen Marsch«; Mißtrauen gegenüber der an anderen wahrgenommenen eigenen ambivalenten Haltung; Nichtwahrhaben-Wollen, daß die *innere* Vergesellschaftung, die Freud beschreibt, samt dem ihr inhärenten Opferritual: dieser bürokratisch-prozessuale Instanzenzug, in dem jedes Rechtbehalten eine Opferleistung teils voraussetzt, teils verlangt, die prozessierenden Parteien sich erfolgreich zu tarnen wissen und, dank unerbittlich ausgeübter Zensur, der Prozeßgegenstand ständig wechselt – daß dies alles, so zeitgenössisch-kafkaesk es auch erscheint, älter sein könnte als die nunmehr bekämpfte kapitalistische Opferlogik und mit deren Beseitigung daher vielleicht nicht automatisch mitverschwände. Kurz, eine defensiv verengte marxistische Position hatte den unbequemen Aufklärer Freud verdrängt.

Werfen wir noch einmal den Blick zurück. In den Anfängen der antiautoritären Bewegung (die autoritäre Struktur, die sie bekämpfte, war nicht zuletzt der leibhaftig nachlebende NS) hatten der Befreier Freud und der Befreier Marx in prästabilierter Harmonie nebeneinander gestanden. Ihre Positionen bedurften nicht der Rechtfertigung, nur des Vergleichs. Sie hielten, anders als die Wissenschaften, denen das Befreiungsunternehmen Wissenschaft nichts mehr galt und die dies mit ihren szientifischen Jargons verdeckten, zwei universale Sprachen bereit, in denen beides, die Hindernisse und der Weg, benennbar wurde und die beide nur noch ineinander übersetzt sein wollten. Soziale Unterdrückung und psychische Verdrängung boten sich als Äquivalente an, ebenso in Marx' Kritik der politischen Ökonomie, aus der unschwer auch eine Trieblehre herausgelesen werden konnte, wie in den Bildern und Modellen Freuds, die der Lehre des jungen Marx vom Individuum als einem »Ensemble gesellschaftlicher Verhältnisse« eine den Klassenkampf durchscheinen lassende Bestätigung gaben. Spielte nicht in dem Szenario der Verdrängung Unterdrückung eine entscheidende Rolle? (Ich erinnere Sie nur an Freuds Bild vom Türsteher-Wächter aus den »Vorlesungen zur Einführung in die Psychoanalyse«, der die sich draußen tummelnde Menge der Triebregungen – oder sollten wir lieber »Masse« sagen? – erfolgreich am Betreten des Salons – oder sollten wir lieber von »Erstürmung« reden? – hindert.) Und basiert umgekehrt der Erfolg der Unterdrückung nicht auf der Verdrängung gefährlicher Wunschregungen, die sich anzupassen haben und allenfalls querulantisch, nicht umstürzlerisch in Erscheinung treten dürfen? (Denken Sie an Freuds anderes Bild für die gleiche Sache, diesmal aus den Vorlesungen vor der Clark University, wo der Störer der Vorlesung so lange an die Luft gesetzt wird, bis er – doch für wie lange? – Ruhe gibt!)

Nebenbei spiegeln solche Bilder den Perspektivenwechsel zwischen einem Bewußtsein, dessen autonome Leistung die Verdrängung ist, und dem stammesgeschichtlich besser beglaubigten Bild, dem von Freud selbst so gezeichneten, eines dem Stammhirn-Es aufsitzenden Großhirn-Ichs: des Reiters also, der mit vom Pferd geborgten Kräften das Pferd zügeln soll, mit allen dahin gehörigen animalischen und sexuellen Konnotationen. Freuds Bilder, anfangs unbedenklich in die Deutung der Marxschen Theorie hereingenommen, störten diese später teils durch Ambivalenz, teils durch Brisanz. Das spitzte sich zu in der Konkurrenz, vorher ebenfalls eher ein Übersetzungsproblem, von Trieb- und Realgeschichte. Mochte die Psychoanalyse *nach* Freud die Realgeschichte vernachlässigt haben – der »Mann Moses«, über den Sie auf dieser Tagung diskutieren, blieb für Historiker ein anfechtbares Buch; ich nehme an, weniger wegen des Ägypters Moses als wegen seiner Antisemitismus-Hypothese –, so war doch, außer in einer aufs Medizinische verengten Theorie, kein Zweifel, daß Psychoanalyse einen Blick in die Gattungsgeschichte zurück erlaubt, ja, nach Freuds Diktum, der Psychoanalytiker »unter günstigeren Verhältnissen als der Archäolog« arbeite, weil er Dokumente zutage fördere, für die die Archäologie »kein Gegenstück« besitzt. Paradoxerweise explodierte das psychoanalytische Problem der Triebgeschichte innerhalb der marxistischen Diskussion, genauer gesagt: in deren eigener Strategiedebatte. War nun ein realer Urvater ermordet worden und seine Nachfolger dazu, Moses miteingeschlossen? Oder war das alles Wunschtraum, Alptraum, Phantasie, kurz: »psychische Realität«? (Untergründig mochte auch das Problem der frühkindlichen Verführung: ob real oder phantasiert, eine Rolle gespielt haben in dieser Diskussion über die Rolle der revolutionären Phantasie.) Daran, ob diese scheinbar irreale Art von Realität, die psychische, *mehr* oder *weniger* sei, schieden sich die Geister, und wieder war es keine scholastische Debatte: hieran hing ja zuletzt die Durchführbarkeit einer Kulturrevolution und die Frage nach dem Gewicht symbolischer Aktionen. Um es holzschnittartig salopp zu sagen: Das »dynamisch Unbewußte« war so lange wohlgelitten, wie es real umdeutbar blieb: als ein wechselweise romantisches und revolutionäres Potential, das durch einen Kraftakt freizusetzen sei. Daß es selbst nicht »Widerstand« zu leisten vermochte, schwächte seine politische, weniger seine romantische Position.

Doch nicht die scholastischen Debatten erschütterten Freuds Stellung an der Universität, sondern, wie es sich für einen Aufklärer gehört, die Beunruhigung, die noch immer und nun wieder von ihm ausging, aber die nun nicht mehr ertragen wurde. In dem Maße, in dem die ehemals marxistische Position scholastisch wurde und sich an Universitäten zwei Positivismen gegenüberstanden: der des ordentlichen Wissenschaftsbetriebs und der einer nunmehr gleichfalls Ordnung heischenden studentischen Opposition, war kein Platz mehr für ihn. Leichter ertrug sich, was später kam: Heilsgruppen und -grüppchen mit zum Teil exotischem Appeal, neue Therapieangebote, die vom Ausagieren bis zum entstörten Sprachspiel reichten, und dazu die postmoderne Illumination aller geisteswissenschaftlichen Stoffe in unendlicher Lesartenfülle, so als hätte das Unbewußte sich verdrängungslos nun endlich auch der Oberwelt bemächtigt; ein heute bereits schalgewordener halluzinogener Triumph. Wo dies in Freuds Namen geschah, war es der Freud der Nachkriegsgeneration nicht mehr. »Unser« Freud hätte seinen Platz im Falle seiner Wiederkehr besetzt gefunden. Eine kleine redende Episode verdient hier Erwähnung: Als ein sozialwissenschaftliches Grundstudium die geisteswissenschaftlichen Nachfolgeinstitute der Philosophischen Fakultät organisatorisch einen sollte – »Philosophie und Sozialwissenschaften« hieß immer noch das Programm –, hat man Max Weber-Kurse als antipodische Ergänzung zu Marx installiert und damit den Platz bis zur Kenntlichkeit entstellt, den, der vorangegangenen Geschichte nach, Freud hätte einnehmen müssen. Es kostete die studentischen Vertreter des kleinen Religionswissenschaftlichen Instituts große Mühe, daß auch ihr Psychoanalyseangebot zur Kenntnis genommen wurde. Fazit: Man wußte mit Freud nichts mehr anzufangen und wehrte sich, anzufangen mit Freud.

Damit könnte ich meine kleine historiographische Skizze schließen. Sie hat mich, während ich dies schrieb, mit sanfter Gewalt in die Rolle des Analysanden gedrängt, dem immer Neues einfällt, doch der stockt und sich scheut, den Vertrag einzuhalten, und der sich vornimmt, sich das nächste Mal nichts mehr einfallen zu lassen – auch zur Entlastung des Analytikers, wie er sich sagt –, aber der dann doch nicht weiß, ob er gerade damit seinem Analytiker ein Geschenk machen kann. Vielleicht steht dieses Schweigen schon für den Zusammenhang, den er verschweigt. Also werde ich jetzt noch einmal, und zwar ohne historiographische Blickverengung, knapp, zusammenhängend, anfangen mit Freud.

Ich bin Ihnen Rechenschaft schuldig über die fundamentale, nicht bloß korrektive Erschütterung, die von Freuds Werk auf uns ausgegangen ist, die nichts in den Wissenschaften und der Philosophie, die wir betreiben, unberührt gelassen hat. Aber die Beunruhigung, ja Unruhestiftung, die sein Einbruch in Wissenschaft und Philosophie bedeutet, war zweifellos eine andere *nach* als *vor* dem Krieg. Tabubrüche beunruhigten uns nicht, Sexualität war uns so wenig ein Fremdwort wie das Kind ein unschuldiges oder das Individuum ein heiles, mit sich einiges Geschöpf. Zivilisation *war* nicht haltbar, wir hatten es selbst erlebt. Daß Normalität nahtlos in Störung und Wahn übergeht und im einen wie im anderen die gleichen Mechanismen wirkten, der der Selbstzerstörung einbeschlossen, war nun auch eigene Erfahrung geworden. Daß der Theoretiker Freud sich nicht vom Arzt und der Naturforscher sich nicht vom Geistes- und Geschichtsforscher Freud trennen ließ, war eher Grund zum Aufatmen als zum Erstaunen in einer zweckmäßig in Bereiche und Kompetenzen zerlegten, weil auch die Ängste parzellierenden und manipulierbar machenden Nachkriegsgesellschaft. Aus der für Freud erst spät vorstellbaren, dem Todestrieb zugeordneten Rolle der *nichterotischen* Aggression allerdings war ein der Vorstellung entzogener Massenmord mit verteilten Rollen geworden, unter Ausschluß von Emotion und mit präventiven Selbstzersplitterungstendenzen der direkt und indirekt daran Beteiligten, unter, wie wir heute wissen, psychotischen Vorzeichen also. Was zu Freuds Zeiten – ich sagte es eingangs schon – der Grenzfall war, war jetzt das Zentrum. Aber diese Veränderung war uns damals so noch nicht bewußt. Freud hat sie nicht mehr mit ansehen müssen. Hannah Arendts Diktum, daß die an die Peripherie gesetzten Gasöfen psychisch das Zentrum waren, gab eine erste Ahnung davon. Unser Schluß mußte lauten, und so zogen wir ihn später auch: Freud hatte ein engeres Verhältnis zu der Realität, mit der wir aufgewachsen waren, als die mühsam oder gar nicht aktualisierten Geisteswissenschaften nach dem Krieg und als eine zeitgenössische Philosophie, die sich in allen ihren Erscheinungsformen, vom Logischen Positivismus bis hin zu einer essentialisierenden Existenzphilosophie, vor den realen Zerreißungen des Subjekts in Subjektlosigkeit flüchtet. Diese Nähe zur Realität teilte Freud mit den Artisten seiner Zeit, die wir verehrten. Vielleicht war sie der Grund, daß er für uns, wie so viele Großväter, niemals der Vater, sondern ein natürlicher Bundesgenosse war.

Aber was in den Künsten nur zu ahnen war, wurde in der Beschäftigung mit ihm gewiß: niemals nur stand eine Einzelheit – ein Faktum, eine Hypothese, eine Disziplin –, immer und in jeder Einzelheit auch der Zusammenhang des Ganzen auf dem Spiel. Der aber war vorhanden und *nicht* vorhanden, Wahrheit nur *in* der Analyse und nicht außer ihr zu haben – die Wahrheit selbst war in Bewegung geraten, der Rahmen der Theorie bewegte sich mit. Ein winziges Beispiel aus einer der knappsten theoretischen Schriften Freuds (eigentlich nur eine Beobachtung aus der analytischen Praxis, die sich zu gattungsgeschichtlichen Spekulationen ausweitet und danach, mit höherem Verallgemeinerungsgrad, wieder in die Praxis mündet) mag das verdeutlichen. Wenn für Freud, in der Miniatur über die »Verneinung«, das »Nein« des Analysanden eine Bestätigung aus dem Unbewußten ist – oder, in Freuds eigenen Worten: »Kein stärkerer Beweis für die gelungene Aufdeckung des Unbewußten, als wenn der Analysierte mit dem Satze: *Das habe ich nicht gedacht,* oder: *Daran habe ich nicht (nie) gedacht,* darauf reagiert«, oder (noch einmal Zitat, doch jetzt spricht im Zitat der Analysand): »›Sie fragen, wer diese Person im Traum sein kann. Die Mutter ist es *nicht.*‹ Wir [d.h. jetzt, wir, die Analytiker] berichtigen: Also ist es die Mutter«, dazu die Schlußfolgerung Freuds: »daß man in der Analyse kein ›Nein‹ aus dem Unbewußten auffindet, und daß die Anerkennung des Unbewußten von seiten des Ichs sich in einer negativen Formel ausdrückt« –, dann ist die Frage nicht abweisbar, wo denn die Analyse Anfang und Ende hat und was den individuellen Denkprozeß vom philosophischen System, den individuellen Traum vom kollektiven Traum, der Mythenbildung etwa, unterscheidet. Mythen und philosophische Systeme antworten ja nicht minder auf angstbesetzte Fragen, die die Gattung stellt, und benutzen das Verneinungssymbol als Mittel der Urteilsfindung und Systembehauptung.

Sie bringen unter seinem Schutz, so wie der Analysand, den Freud beschreibt, so wie in einer Situation der moralischen Entrüstung der lustvoll sich Entrüstende, das zur Sprache, was sie ohne diesen Schutz verschwiegen. Die Verneinung als die im Bewußtsein selbst fungibel gemachte, nun von Verdrängungsmühsal entlastende Zensur, der Operateur sozusagen inmitten der nun beredbar gemachten Triebregungen – hier schon wankte die von Kant einst so anmutig beschriebene (er attestiert sich selbst: »ein reizender Name«!) Insel der Wahrheit, »umgeben von einem weiten und stürmischen Oceane, dem eigentlichen Sitze des Scheins«. Aber wenn wir dann weiter hören, daß auch die »volle intellektuelle Annahme des Verdrängten« (Alptraum jedes Analytikers mit analytisch vorgebildeten Patienten) den Verdrängungsvorgang noch nicht aufgehoben hat, ja ein Mittel sein kann, ihn zu befestigen – sehen wir uns plötzlich unvermittelt der Verhandlung der Schuldfrage nach dem Krieg in unserem eigenen Land gegenüber. Hier, genau an dieser Stelle – aber es ist keine *Stelle*, sondern Kants ›Insel der Wahrheit‹ war jetzt identisch geworden mit dem ›Oceane des Scheins‹ – war Freud der Unruhestifter der Nachkriegsgeneration. Das unterscheidet seine Wirkung *vor* und *nach* dem Krieg, wo es, strenggenommen, nur noch dieses eine Tabu gab und gibt, denn mit dem »Es ist ja alles gesagt« *ist alles eben erst nur gesagt* – nichts von dem ist aufgelöst, was Sie auf Ihrer Tagung heute und an den nächsten Tagen behandeln. Der Vorgang, den ich im historiographischen Teil meiner Erzählung kurz berührte, die Diskussion über die Aufführung von Sartres »Fliegen« im Berliner Hebbel-Theater, hat uns verfolgt, die wir einerseits mit Überzeugung »Nein« sagten und »Nie wieder« und andererseits im Geiste mit Orest davonstürmten, die Fliegen hinter uns her.

Aber ich darf das existentialistische Bild verlassen. Der Aufklärer Freud bietet uns ja selber zur Entlastung an, wovon er sich zeitlebens die große Erleichterung und eine befriedigende Sublimierungsleistung versprach – die, erwägt er, mit deren Hilfe man in der Bekämpfung des Leidens »vielleicht am meisten erreicht« –, seine wissenschaftliche, philosophische Arbeit. In der Tat: es ist eine Aufgabe, heute noch, 50 Jahre nach seinem Tod, dem Begriff der Verdrängung in Philosophie und Wissenschaften zu seinem Recht zu verhelfen. Die Insel Kants befürchtete zu Recht, vom Ozean verschlungen zu werden, und natürlich relativiert der Mechanismus der Verdrängung die Leistungen der großen Denksysteme. Sie sind dann, wie die Religionen auch, ja mit sehr viel geringerer Verbindlichkeit als diese, Kompromißgebilde, mit deren Hilfe die Menschengattung auf ihrem unsicheren Weg Angst zu bannen und ihre eigenen Rätsel darzustellen, partiell sie zu lösen versucht. Die Gattung selbst wird damit in den Status des Analysanden gedrängt. Freud hat es uns vorgemacht, was hindert uns, ihm auch hierin zu folgen? Eine Voraussetzung allerdings bringen wir dabei mit ins Spiel, die zunächst nur wie ein Analogieschluß erscheinen mag.

Kaum ein Analytiker wird bestreiten wollen, daß nicht erst mit der »Analyse« die Analyse beginnt, sondern daß er mit seinem Analyseangebot in einen schon laufenden, freilich blockierten, selbstanalytischen Prozeß hineinspringt, den er, wenn er nur weit genug in ihm zurückgegangen ist, so daß der Analysand nun wieder selbst vorangehen kann, an geeigneter Stelle auch wieder verläßt. Wehe, wenn dieser Prozeß nicht weiterginge! – Was ist das für ein Prozeß? Meinen Studenten pflege ich zu sagen: Wie könnte der kleine Traum vor dem Erwachen schützen, wenn er nicht schon selbst mit einem größeren Erwachen beschäftigt wäre? Freud hat diesen Prozeß von der Neugier des kleinen Ödipus an verfolgt und sich nicht gescheut, ihn einen Aufklärungsprozeß zu nennen. Der allgemeine Sprachgebrauch schwankt ja bis heute zwischen der die Person betreffenden und der philosophischen Bedeutung des Worts. Werden wir demnach der Menschengattung auch einen selbstanalytischen Prozeß zubilligen dürfen, in den ihre Analytiker, die dann Philosophen, Propheten, Aufklärer heißen mögen, zu ihrer Zeit hineingesprungen sind, nur daß sie ihn ohne eine Ahnung, ob sie etwas erreicht haben in ihm – anders also als Sie in Ihrer Praxis –, wieder verlassen mußten? Ich will diesen Gedanken, so fundamental er mir für das Selbstverständnis der Philosophie zu sein scheint, nicht weiter verfolgen. Zu leicht nährt er die Illusion, daß in ihm Verdrängung teleologisch aufhebbar, der Zivilisation das Gelingen vorgezeichnet wäre, dem Freud selbst – einer in der Reihe der oben Genannten – mit so großer Skepsis gegenüberstand. Die Eruierung der Fakten hilft hier ja noch nichts verstehen. Die Ermordung des Urvaters mag stattgefunden haben oder nicht – erst dort, wo die Analyse selbst die ödipale Situation berührt, können wir uns aus der Gewalt des Widerstands, der in dieser Situation gegen das Verstehen aufgeboten wird, eine Vorstellung davon bilden, was die Gattung mit sich schleppt. Das wiederkehrende Verdrängte kann nicht weniger furchtbar sein als die Tat selbst. Sich mit ihm erkennend einen – das Wort »versöhnen«, das Freud wohlweislich auch nur ein-, zweimal in diesem Zusammenhang gebraucht, wäre heute hier das falscheste Wort –, ist die größte psychische Leistung, derer wir fähig sind, und sie gelingt restlos vielleicht nie. Es ist auch noch ganz ungeklärt, wie sie unter psychotischen Vorzeichen gelingen kann, noch dazu, wenn, wie heute oder in naher Zukunft schon, zwei Teile eines Volkes miteinander konkurrieren werden, deren einer jahrzehntelang von der Bewältigung, deren anderer jahrzehntelang vom Nichtbetroffensein seelisch profitiert hat. Vielleicht ist dies übrigens der Grund dafür, daß sich keine humane Zukunftsvision nach dem Krieg in Deutschland bilden konnte – der Platz, den sie hätte einnehmen können, war von der alten, inhumanen unterirdisch, doch mit gesamtdeutschem Effekt besetzt.

Es ist heute, 50 Jahre nach Freuds Tod, beruhigend und beunruhigend zugleich, zu wissen, daß die Analyse der jüngeren deutschen Vergangenheit kein Tabu mehr ist. Sie ist und bleibt in unserer szientifischen und philosophischen Arbeit, so wie die ödipale Erinnerung für den Urvatermord, der Fokus aller gattungsgeschichtlichen Spekulationen. Solche anzustellen ohne sie, wäre nicht weniger Entlastung als das intellektuelle »Nein« und »Nie wieder« der Nachkriegsgesellschaft. Die Themen, auf die Ihre Vereinigung sich jetzt seit Jahren eingelassen hat – gegen Widerstände und der Illusion zum Trotz, die Nachkriegszeit könnte beendet sein und das in ihr Verdrängte, mehr als eine Generation danach, ausgestanden –, und so auch das Thema dieser Tagung zu Freuds 50. Todestag, sind in meinen Augen ein Anfangen mit Freud. Ich danke Ihnen für Ihre Aufmerksamkeit.

Anmerkungen

S. 11

Zur Nachkriegsgeschichte der Universität in Berlin: vgl. *Reden und kleine Schriften 2: der gesellschaft ein bewußtsein ihrer selbst zu geben* (in Vorbereitung).

S. 12

Karl Jaspers, *Allgemeine Psychopathologie, Fünfte unveränderte Auflage* (nämlich der 4. Aufl. von 1942, die nicht gedruckt werden durfte), Berlin und Heidelberg 1948. – Sein Verdikt über die Psychoanalyse: S. 299 ff., S. 450 ff., S. 646 ff.; dazu ferner: *Vernunft und Widervernunft in unserer Zeit,* München 1950, S. 17 ff., S. 68 (dort parallel zum Marxismus).

S. 14

Zu Jürgen Fehlings Aufführung von Sartres ›Fliegen‹: vgl. *Reden und kleine Schriften 2,* wie o., *Erinnerung an die Fliegen.*

S. 14

Zum Scheitern Abrahams am Antisemitismus der Berliner Medizinischen Fakultät: vgl. inzwischen auch Sigmund Freud, Karl Abraham, *Briefe 1907-1926,* herausgegeben von Hilda C. Abraham und Ernst L. Freud, Frankfurt a.M. 1965, besonders den Brief vom 1.12.1912, S. 129 (»Der Antisemitismus der Fakultät bleibt natürlich als Hindernis bestehen«), und den Brief vom 1.5.1920, S. 287, Anm. 2 (die Andeutung der Möglichkeit einer Dozentur für den Fall, daß er sich taufen ließe).

S. 15

Psyche / Ein Jahrbuch für Tiefenpsychologie und Menschenkunde in Forschung und Praxis, herausgegeben von H. Kunz, Basel, A. Mitscherlich, Heidelberg, F. Schottlaender, Stuttgart, Jahrgang I, Folge 1, Juli 1947, zit. aus der Einleitung (gez. H.K., A.M., F. Sch.), S. 1 f.;

Platonische Urworte über die Psychotherapie (mitgeteilt von Ewald Roellenbleck), ebd., S. 3 ff.

S. 16
Die »Höhen der wirklichen Geistesgeschichte«: Karl Jaspers, *Allgemeine Psychopathologie*, wie o., S. 300.

S. 16
Zur deutschen Ursprungssuche nach dem Krieg: C.W. Ceram, *Götter Gräber und Gelehrte / Roman der Archäologie*, Hamburg – Stuttgart 1949; Karl Jaspers, *Vom Ursprung und Ziel der Geschichte*, München 1949; Martin Heidegger, *Der Ursprung des Kunstwerkes*, in *Holzwege*, Frankfurt a.M. 1950, S. 7 ff. (erste Fassungen als Vorträge 1935 und 1936, s. dazu die Anm. S. 344).

S. 17
Die Faszinationsbücher einer Ursprungssuche mit Aufklärungsinteresse verknüpfenden Studentengeneration: Sigm. Freud, *Totem und Tabu* (1912/13), *Gesammelte Werke IX*; Max Horkheimer und Theodor W. Adorno, *Dialektik der Aufklärung / Philosophische Fragmente* (1944), Amsterdam 1947; Paul Tillich, *Die sozialistische Entscheidung* (1932/33, konfisziert), 1. Nachdruck in *Schriften zur Zeit*, herausgegeben von August Rathmann, Offenbach am Main 1948.

S. 17
Freuds Behandlungszimmer als eine mit Idolen besetzte Gattungshöhle ist photographisch festgehalten in: Edmund Engelmann, *Berggasse 19 / Das Wiener Domizil Sigmund Freuds* (New York 1976), Stuttgart und Zürich 1977.

S. 17
Freuds Versuch einer Rekonstruktion der Gattungsgeschichte: *Totem und Tabu*, wie o., S. 171 ff.

S. 17
Horkheimers und Adornos Lehre von der Internalisierung des Opfers: *Dialektik der Aufklärung*, wie o., dort Exkurs I: *Odysseus oder Mythos und Aufklärung*, S. 71 (»Die Geschichte der Zivilisation ist die Geschichte der Introversion des Opfers. Mit anderen Worten: die Geschichte der Entsagung«).

S. 18

Die Aufklärung über sich selbst aufklären: Hegel, *Phänomenologie des Geistes* (1807), in *Sämtliche Werke, Kritische Ausgabe, Band II*, Leipzig 1949[5], S. 401 ff. (die Aufklärung – in ihrem Verhältnis zum Glauben – noch nicht »über sich selbst aufgeklärt«; wenn sie es wäre, wäre sie das ›Verhältnis‹, »in welchem ebenso Wahrheit, wie Gegenwart und Wirklichkeit vereinigt sind. Beide Welten sind versöhnt, und der Himmel auf die Erde herunter verpflanzt«; zit. S. 401 und S. 413).

S. 18

Die schwache messianische Kraft: Walter Benjamin, *Geschichtsphilosophische Thesen*, in *Schriften*, herausgegeben von Th. W. Adorno und Gretel Adorno unter Mitwirkung von Friedrich Podszus, Frankfurt a.M. 1955, Band I, S. 494 ff., These II, S. 495 (»Es besteht eine geheime Verabredung zwischen den gewesenen Geschlechtern und unserem. Wir sind auf der Erde erwartet worden. Uns ist wie jedem Geschlecht, das vor uns war, eine *schwache* messianische Kraft mitgegeben, an welche die Vergangenheit Anspruch hat«).

S. 18

Der gesellschaftliche Verblendungszusammenhang: Horkheimer und Adorno, *Dialektik der Aufklärung*, wie o., dort *Begriff der Aufklärung*, S. 56.

S. 18

Freuds Spekulation, ob nicht der Lebenstrieb dem Todestrieb zuarbeite: *Jenseits des Lustprinzips* (1920), *Ges. Werke XIII*, S. 40 ff. (Anlaß für diese Spekulation bietet der »konservative Charakter der Triebe«, die »das Lebende« zurück ins »Leblose« überführen wollen). Dazu vgl. u. S. 69 ff.: III *Von Nutzen und Nachteil der Spaltung / Religionsphilosophische Erörterung eines gattungsgeschichtlichen Symbols.*

S. 18

Herbert Marcuses Umstilisierung des Todestriebs in ein aktuelles universales Ruhebedürfnis: *Eros und Kultur. Ein philosophischer Beitrag zu Sigmund Freud (Eros and Civilization / A Philosophical Inquiry into Freud*, 1955), Stuttgart 1957, S. 34 (Wenn »der ›Regressionszwang‹ in allen organischen Lebensäußerungen nach völliger

Ruhe strebt, wenn der Grund des Lustprinzips das Nirwanaprinzip ist, dann erscheint die Notwendigkeit des Todes in einem völlig neuen Licht. Der Todestrieb ist nicht um seiner selbst willen destruktiv, sondern um der Behebung von Spannung willen. Der Abstieg zum Tode ist eine unbewußte Flucht vor Schmerz und Mangel. Er ist ein Ausdruck des ewigen Kampfes gegen Leiden und Unterdrückung«).

S. 19
Die Eros-Mystik Norman O. Browns: *Life Against Death,* Middletown 1959, dtsch. *Zukunft im Zeichen des Eros,* Pfullingen 1962.

S. 19
Freuds Einführung der ›phallischen Phase‹: in *Die infantile Genitalorganisation (Eine Einschaltung in die Sexualtheorie)* (1923), *Ges. Werke XIII,* S. 293 ff.; die *Drei Abhandlungen zur Sexualtheorie* (1905), in die sie eingeschaltet wird: *Ges. Werke V,* S. 27 ff. – Geschlechterspannung und ›Polarität‹: *Die infantile Genitalorganisation,* wie o., S. 297 f. (»Erst mit der Vollendung der Entwicklung zur Zeit der Pubertät fällt die sexuelle Polarität mit männlich und weiblich zusammen«).

S. 21
Der Stoff der Religionswissenschaft als das Verdrängte der Philosophie: vgl. meine *Dahlemer Vorlesungen* von Band 1 – *tertium datur / Eine religionsphilosophische Einführung in die Logik* (1970), herausgegeben von Wolfgang Albrecht u.a., Basel / Frankfurt a.M. 1981, S. 10 et passim – an.

S. 21
Programmschriften ›damals‹: *Erinnern, Wiederholen und Durcharbeiten* (1914), Sigm. Freud, *Ges. Werke X,* S. 126 ff., *Die endliche und die unendliche Analyse* (1937), ders., *Ges. Werke XVI,* S. 57 ff.

S. 22
Der ›Lange Marsch‹: Mao Tse-tungs emphatische Metapher. Sie wird nunmehr umgemünzt auf den Marsch durch die Institutionen der Gesellschaft hindurch.

S. 22

Das Individuum als ein Ensemble gesellschaftlicher Verhältnisse: *Marx über Feuerbach* (1845), gedruckt als Anhang zu Friedrich Engels, *Ludwig Feuerbach und der Ausgang der klassischen deutschen Philosophie* (1888), MEGA I 5, S. 533 ff., These VI (»Aber das menschliche Wesen ist kein dem einzelnen Individuum innewohnendes Abstraktum. In seiner Wirklichkeit ist es das Ensemble der gesellschaftlichen Verhältnisse«).

S. 22/23

Freuds Szenarien der Verdrängung: *Vorlesungen zur Einführung in die Psychoanalyse* (1917), *Ges. Werke XI*, zit. S. 305 ff. (der Türsteher-Wächter an der Schwelle zum Salon, der die Triebregungen an dessen Erstürmung hindert); *Über Psychoanalyse. Fünf Vorlesungen, gehalten zur 20jährigen Gründungsfeier der Clark University in Worcester/Mass.* (1910), *Ges. Werke VIII*, zit. S. 22 ff. (der Störenfried, der so lange an die Luft gesetzt wird, bis er – übrigens erst nach Eingreifen des Universitätspräsidenten – Ruhe gibt).

S. 23

Freuds Zeichnung von Stammhirn-Es und Großhirn-Ich in: *Das Ich und das Es* (1923), *Ges. Werke XIII*, S. 252. Das Gleichnis von Pferd und Reiter: ebd., S. 253.

S. 23

Freuds Antisemitismushypothese in: *Der Mann Moses und die monotheistische Religion* (1939), *Ges. Werke XVI*, S. 101 ff. und S. 196-198 (Judenhaß »im Grunde Christenhaß«, ein projektiver Selbsthaß der nur ›schlecht Getauften‹).

S. 23

Der Psychoanalytiker »unter günstigeren Verhältnissen als der Archäolog« arbeitend: Freud, *Konstruktionen in der Analyse* (1937), *Ges. Werke XVI*, S. 41 ff., zit. S. 45 f.

S. 24

Zum ›Widerstand des Unbewußten‹: Freud selbst erwog in dieser Richtung eine ›Korrektur‹, in *Hemmung, Symptom und Angst* (1926), *Ges. Werke XIV*, S. 192; vgl. dazu auch *Dahlemer Vorlesungen, Band 3, arbeiten mit ödipus / Begriff der Verdrängung in der*

Religionswissenschaft (1972), herausgegeben von Hans-Albrecht Kücken u.a., Basel / Frankfurt a.M. 1993, S. 258 ff.

S. 26

Freuds späte Anerkennung der nichterotischen Aggression: in *Das Unbehagen in der Kultur* (1930), *Ges. Werke XIV*, S. 419 ff., zit. S. 479 (»..ich verstehe nicht mehr, daß wir die Ubiquität der nicht erotischen Aggression und Destruktion übersehen und versäumen konnten, ihr die gebührende Stellung in der Deutung des Lebens einzuräumen (die nach innen gewendete Aggressionssucht entzieht sich ja, wenn sie nicht erotisch gefärbt ist, meist der Wahrnehmung)«). – Zur Rolle der nach innen gewendeten, erotisch gefärbten Aggressionslust vgl. meine Analyse des Sogs in *Sucht und Sog / Zur Analyse einer aktuellen gesellschaftlichen Bewegungsform*, u. S. 39 ff.

S. 26

Hannah Arendts Diktum: in *The Origins of Totalitarianism* (1951), dtsch. *Elemente und Ursprünge totaler Herrschaft* (1955), Gekürzte Ausgabe (von H.A. autorisiert) *Elemente totaler Herrschaft*, Frankfurt a.M. 1958, dort II 3: ›Die totale Herrschaft‹ (die »Konzentrationslager und Gaskammern« sind die »zentrale Institution totalitärer Herrschaft«, S. 254; psychisch sind sie der Repräsentant des »radikal Bösen« in einem System, »in dem alle Menschen gleichermaßen überflüssig werden«, S. 253).

S. 27

Sigm. Freud, *Die Verneinung* (1925), *Ges. Werke XIV*, S. 9 ff., zit. S. 15, S. 11. – Die »volle intellektuelle Annahme des Verdrängten bei Fortbestand des Wesentlichen an der Verdrängung«: ebd., S. 12. – Zur Bedeutung dieses Vorgangs in der Religionsphilosophie vgl. mein *arbeiten mit ödipus*, wie o., S. 27 ff. et passim.

S. 28

Kants ›Insel der Wahrheit‹ (»ein reizender Name«) und ›Ocean des Scheins‹: *Kritik der reinen Vernunft* (1781), Transzendentale Elementarlehre, Zweiter Teil: Die transzendentale Logik, 1. Abteilung, Zweites Buch, 3. Hauptstück (Ed. Kehrbach, S. 221 f.).

S. 28/29
Freud und der »Lustgewinn aus den Quellen psychischer und intellektueller Arbeit«: *Das Unbehagen in der Kultur*, wie o., S. 438.

S. 30
Das Wort ›versöhnen‹, soweit ich sehe, bei Freud nur einmal affirmativ gebraucht: in *Erinnern, Wiederholen und Durcharbeiten,* wie o., S. 132 (»Die Versöhnung mit dem Verdrängten«).

Nachsatz

Der Historiographie zuliebe sei vermerkt: Die Nachkriegsrezeption der Psychoanalyse Sigmund Freuds in den geisteswissenschaftlichen Fächern der Freien Universität Berlin ist hervorgegangen aus den Diskussionen am Religionswissenschaftlichen Institut und hat dort lange ihren Ort behalten. Die von mir damals entwickelten Begriffe und Denkfiguren (z.B. genitale Utopie, Verkörperung, Balance, überhaupt die Reflexion auf das symptomatologische Verfahren und das gattungsgeschichtliche Modell der Analyse) spiegeln nicht nur die Auseinandersetzung mit Freud, sondern ebenso mit Tillich, Heidegger und Adorno wider. Später ist im Psychoanalyse-Schwerpunkt des Instituts auch die Weiterentwicklung der Analyse nach Freud zu ihrem Recht auf Reflexion gekommen.

II Sucht und Sog

Zur Analyse einer aktuellen gesellschaftlichen Bewegungsform

Ich danke Ihnen für die Ehre und das Vergnügen, das diesjährige Gespräch Ihrer Gesellschaft zu Fragen der Sucht mit einem ganz unmedizinischen Vortrag zu eröffnen.* Bitte lassen Sie mich eingangs etwas zur Wahl des Themas sagen und zu meiner Kompetenz. ›Sucht‹ und ›Sog‹ – ich habe dieses Begriffspaar in einem jetzt 30 Jahre alten Buch benutzt, einem ›Versuch über die Schwierigkeit nein zu sagen‹, um aktuelle Selbstzerstörungsprozesse der Gesellschaft auf einen gemeinsamen Nenner zu bringen und nach einer Möglichkeit des Widerstands in den Prozessen selbst zu fragen. Ich spreche also nicht – wie Sie – als Fachmann für Suchtprobleme, sondern als ein an Fragen der

* Es handelt sich bei dieser Rede um den nichtöffentlichen Vortrag zur Eröffnung des *4. Wissenschaftlichen Gesprächs der Deutschen Gesellschaft für Suchtforschung und Suchttherapie* am 21.10.1993 im Hörsaal der Psychiatrischen Klinik des Universitätsklinikums Rudolf Virchow der Freien Universität Berlin. Der Vortrag diente dem erklärten Zweck, den medizinischen Suchtbegriff in therapeutischer Absicht zu erweitern. – Auf Einladung der Fachschaftsinitiative Philosophie wurde er am 4. Februar 1994 im Rahmen der *Münchner Metamorphose-Vorlesungen* im Auditorium Maximum der Münchner Universität – diesmal angezeigt mit dem Untertitel *Über Zielstrebigkeit und Faszination einer aktuellen gesellschaftlichen Bewegungsform* – wiederholt und öffentlich zur Diskussion gestellt. – Der Druck folgt dem Wortlaut der Berliner Fassung. Die Anmerkungen, die sich auf Nachweise und Verdeutlichungen beschränken, stehen ohne eigene Numerierung, jedoch den numerierten Abschnitten des Vortrags zugeordnet, hinter dem Text.

menschlichen Gattung und ihrer Geschichte, damit auch an aktuellen Problemen der Gesellschaft und den sie dirigierenden psychischen Dispositionen interessierter, der Erfahrungswissenschaft Psychoanalyse viel verdankender Religionsphilosoph. Aber das heißt auch, mit *einer* Erfahrung, die ich mit Ihnen allen teile: daß sich Suchtprobleme wohl spezifisch untersuchen und behandeln lassen, aber *das* Suchtproblem, im Singular gesprochen, sich nur schwer, wenn überhaupt, begrenzen läßt; daß zum Beispiel, wenn wir die Bewegungsformen unserer Gesellschaft bestimmen wollten, wir nur in abgezirkelten Bereichen noch mit den Kategorien einer der europäischen Aufklärung sich verdankenden Geschichtsphilosophie operieren können – etwa von ›Fortschritt‹ oder ›Beharren‹ reden –, vielmehr an die Stelle solcher Begriffe häufig Sucht- und Stagnationsphänomene getreten sind. Sosehr ökonomische Gründe hierfür als verursachend, bremsend, steuernd auszumachen sein mögen – mich interessiert die psychische Disposition, genauer gesagt: das Begehrensmodell, dem sie aufsitzen und dessen sie sich bedienen. Unter diesem Gesichtspunkt scheinen mir Suchtforschung und -therapie, auch und gerade in ihrem spezifischen Fortschreiten, es immer auch mit einem gesamtgesellschaftlichen Phänomen zu tun zu haben: einer in den avancierten Industrienationen sich ausbildenden, national vielleicht verschieden motivierten, doch im Ergebnis weithin übereinstimmenden *Suchtgesellschaft.* Ich komme am Ende meines Vortrags darauf zurück.

I

Die beiden Begriffe, die mein Thema dirigieren, weisen sprachlich auf Verwandtes hin. Entscheidend für meine Überlegungen aber wird die Kopula sein: das ›und‹, das Sucht und Sog in ein problematisches, noch unausgemachtes Realverhältnis zueinander setzt. Die Etymologie der Worte darf ich als bekannt voraussetzen, ich füge nur ein paar semantische Bemerkungen hinzu. ›Sucht‹ und ›süchtig‹ bedeuten lange Zeit nichts anderes als ›siech‹ und ›Siechtum‹ auch und bezeichnen so die Krankheit allgemein. Doch die dann einsetzende historische Spezifizierung ist frappant: so wie ›siech‹ und ›siechen‹ zum Ausdruck für die lang anhaltende, schleichende, die ›Krankheit zum Tode‹ werden, wird ›Sucht‹ das Wort für den in selbstzerstörerischer Befriedigung leerlaufenden Begehrensprozeß. Beide, offensichtlich, werden nicht mehr als Teil einer natürlichen anthropologischen Struktur wahrgenommen, sondern auf einen historisch spezifischen Fokus gesellschaftlicher Aufmerksamkeit verengt. Dabei fällt auf: erst die Romantik scheint den Begriff ›Siechtum‹ existentiell aufgeladen zu haben – darum verwendete ich eben den die menschliche Existenz definierenden Kierkegaardschen Begriff des Lebens als der ›Krankheit zum Tode‹ –, und wir dürfen, parallel dazu, und wohl auch zeitgleich, vermuten, daß das Wort ›Sucht‹ seine gesellschaftliche Karriere der Aufmerksamkeit auf eine mit dem Zerfall des Fortschrittglaubens und einer ihm zur Basis dienenden prästabilierten Harmonie auch ihrer prästabilierten Ziele beraubte, darum gleichsam leerlaufende Begehrensstruktur verdankt. Ein derartiger Leerlauf scheint sich nicht nur mit Fortschritt nicht zu vertragen, sondern auf den ersten Blick auch richtungslos zu sein. Wir werden uns zu fragen haben, wo die *Zielstrebigkeit des Süchtigen* anzusiedeln ist, die wir sehr wohl gewahren, die uns oft ratlos macht, die bei ihm geradezu an die Stelle zielstrebigen *Fortschreitens* getreten zu sein scheint.

Eine den Sprachwissenschaftlern geläufige Volksetymologie allerdings möchte ich gleich zurückweisen: daß das Wort ›Sucht‹ seine Intentionalität – wir sind nicht ›krank nach‹, wohl aber ›süchtig nach‹, zum Beispiel einer Sache oder einer Person, obwohl die Umgangssprache hellhörig auch das Wort ›krank‹ in diese Richtung drängt – durch das in ihm mitgehörte Wort ›Suche‹ aufgepfropft bekommen habe. Die Weise, wie wir unsere Wörter aufladen, ist so simpel nicht – sie ist ja selbst ein Spiegel unseres durch Ambivalenz gezeichneten Seelenlebens. Schon das dem 18. Jahrhundert geläufige Wort ›Sehnsucht‹, von Goethes Mignon mit einem nur ihr eigentümlichen Leid (»Nur wer die Sehnsucht kennt, / Weiß, was ich leide«) und zugleich, hochrealistisch, mit dem dazugehörigen ›brennenden Eingeweide‹ assoziiert, ist nicht die Suche nach Sehnen, sondern die Krankheit des Sich-Sehnens selbst und so, vielleicht das erste Mal, pleonastisch gebraucht: das Sich-Sehnen als ›Sucht‹ – hier geht das Sehnen ins Leere, und doch verbindet sich eine geheime Erwartung mit ihm.

Etymologisch aufschlußreicher als die Such-Konnotation allerdings ist eine andere, die uns für unser Begriffspaar hellhörig macht: ›Sucht‹ als eine ›saugende Strömung im Meer‹, wie sie uns, nur scheinbar ein zweites Wort, die etymologischen Wörterbücher verraten. Tatsächlich gehört das Wort in diesem Gebrauch in der Weise zu ›saugen‹, wie ›Tugend‹ in der altertümlichen Form ›Tucht‹, von der noch die George-Schule gravitätisch Gebrauch macht, zu ›taugen‹ gehört. Jene saugende Strömung im Meer aber, in der gleichen Wortsippe angesiedelt, ist uns bessser bekannt, nicht nur aus der Großmetaphorik des 19. Jahrhunderts, sondern auch aus eigener Erfahrung, unter dem Namen ›Sog‹. Auch ›Sog‹ gehört zu ›saugen‹, genauer gesagt: der passiven Form des Worts, dem Gesogen-Werden – doch dazu gleich mehr.

2

Schon dieser kurze Ausflug durch die Fokussierung der Wortbedeutungen – wir sehen, ein gesellschaftliche Aufmerksamkeit bezeugendes, alsbald zu sprachlicher Konvention gerinnendes Verfahren, das uns auf ganz ebenso fokussierte psychische Dispositionen verweist – hat uns gelehrt: Beide Begriffe, Sucht und Sog, verbinden sich sowohl mit dem Metaphernreich des Meeres – wie Sie wissen, eines der faszinierendsten Symbole des Unbewußten, seiner aufrührerischen Macht und Unergründlichkeit – als auch mit der oralen Erfahrung des Saugens, das im ›Gesogenwerden‹ einerseits eine von der Anstrengung des Saugens entlastende halluzinative infantile Umdeutung erfährt und das andererseits dem weiblichen Part der genitalen Kopulation eine durchaus männlich fixierte, d.h. mit männlichen Lustvorstellungen und Ängsten besetzte ursprungsmythische Überhöhung, richtiger Vertiefung, bietet. Immerhin trägt das Bild des Meers und seiner Gefahren als Metapher des Unbewußten weibliche Qualität, auch und vor allem die der vielversprechenden gefährlichen Verlockung, und definiert so das Unbewußte, in der Instanzenlehre Sigmund Freuds maskiert als ›Es‹, einmal mehr als den weiblichen Pol der Geschlechterspannung gegenüber dem abenteuernden, zum Beispiel das Meer durchpflügenden, männlichen Ich. Und gleich noch eine simple Beobachtung angeschlossen, die für die Sog-Imagination von größter Bedeutung ist: Der weibliche Pol, in dieser seiner männlichen Version, kennt nicht die Konkurrenz von Tochter und Mutter, diese fließen ineins, indes ihr männliches Pendant, die Konkurrenz von Vater und Sohn, uns die Zerlegung des anderen Pols in Ich und Über-Ich schneidend vor Augen führt (hieran hat auch Freuds grundsätzliche Korrektur, immer mehr Teile des Über-Ichs in die Obhut des Unbewußten zu entlassen, nichts zu ändern vermocht).

Die psychische Disposition des ›Sogs‹ ist also nicht nur die halluzinierte Erfüllung eines infantilen Triebwunschs – René Spitz hat die cephalogyrischen Bewegungen hospitalismusgeschädigter Kleinkinder so gedeutet –, sondern berührt auch den Zusammenhang, genauer gesagt: die uns aus Mythologie, Liebesspiel und Analyse wohlbekannte Vertauschung von Mund und weiblichem Genital, die Zusammengehörigkeit also von Gefahr beschwörender und bannender Oralität, bis hin in die entwickeltsten Formen der Sprache, mit dem die Gefahr zugleich verkörpernden und – um den Preis des Mitausgelöschtwerdens – sie auslöschenden weiblichen Schoß. ›Sog‹ als Schoßmetapher, sozusagen der Schoß in actu, der uns in Totalregression in sich hineinzuziehen verspricht, überschreitet freilich die Imagines von Geschlecht und Mund, ist daher nicht nur Grund der Faszination von Türen und Ursprungsmäulern – denken Sie an die Türmäuler und -muscheln des Jugendstils oder die Mäuler der Ungeheuer im Park von Bomarzo –, sondern aller jener gefahrvollen Situationen, die uns immer wieder die Nähe des Ausgelöschtwerdens mit selbstzerstörerischer Lockung vor Augen führen und die wir darum mit lustvollem Schauder teils herbeiführen, teils aufsuchen. Denken Sie an den Sog, den das Messerwerk einer ungeschützten Maschine, der Hochwasser führende Strom mit seinen Strudeln unter der Brücke, die Meeresbrandung oder die Stelle, wo Ebbe und Flut sich treffen, die mit Dematerialisierung lockende Gardine als repräsentatives Requisit der Gespenstergeschichte, die Bahnsteigkante angesichts des nahenden und vorüberschießenden Zuges auf uns ausüben. Heute, in unserer Stadt, haben wir eine sehr aktuelle Sog-Variante: das S-Bahn-Surfen, Sich-draußen-Entlanghangeln am fahrenden Zug, dem realen Sog des Fahrtwinds ausgesetzt, immer unter der Drohung des tödlichen Erfaßtwerdens. Es reicht nicht aus, hier von Mutproben zu reden – die Population der Surfer wächst, sie sind süchtig nach diesem Sog.

3

Damit habe ich das erste Mal die intentionale Formel gebraucht, die unsere beiden Begriffe mit Prozeßcharakter aneinander bindet und die geheime Zielstrebigkeit des Süchtigen verständlich macht: Er ist *süchtig nach Sog*. Die Kopula ›und‹ hat hier nicht Additions- oder Vergleichscharakter, sondern – wie die nur scheinbar hilflosen ›und‹ ›und‹ ›und‹ dessen, der den Satz unterbricht und nicht weiterweiß – den Charakter der Provokation und Evokation: Der Süchtige will den Sog erscheinen machen. Sein Erscheinen hat für ihn epiphanische Qualität. Die Kopula fordert uns auf, alle Aufmerksamkeit auf die geheime Sog-Erwartung des Süchtigen zu richten, wenn die Sucht-Analyse gelingen soll – nur von dieser Erwartung her, ihrem Verständnis, ihrer Übersetzung in andere, für sie preisgegebene, weil zu belastende Vereinigungswünsche, scheint mir eine Therapie, die an der psychischen Disposition des Süchtigen ansetzt, erfolgversprechend zu sein.

Vereinigungswunsch – das brauche ich nicht eigens zu betonen, jede Analyse der Sexualität, die ihre Affinität zur Sucht im Auge behält, verrät es uns – ist hier auch Todeswunsch. Freuds Spekulation über Lebens- und Todestrieb hatte ja diese beiden als Vereinigungsmetaphern behandelt und dem Todestrieb hypothetisch die universalere Bedeutung zugesprochen: wie, wenn der Lebenstrieb nur als Agent des Todestriebs am Werke wäre, der uns so auch von dem In-Spannung-Zerrissensein der lebendigen Materie erlöst? Zwei Voraussetzungen, die zugleich einen historischen Abstand markieren, dürfen hierbei nicht übersehen werden: erstens, daß der, entgegen landläufiger Erwartung und zum Beispiel auch der Trieb- und Drangmetaphorik Ernst Blochs, von Freud dem Triebe zugesprochene ›konservative‹ Charakter rechtens ein regressiver Charakter ist (das sagt auch etwas über die Angst des Konservativismus in dieser Zeit) – ›Zurück zur Ruhe des Anorganischen‹ lautet die Formel, also in den versteinten, nicht den erregten Schoß, der als solcher die Störung durch Leben bedeuten würde; aber auch der versteinte bleibt Ursprungsmaske, wie wir sie kennen aus antiken Steinmäulern, zum Beispiel der Bocca della Verità im Pronaos von Sa. Maria in Cosmedin in Rom, und nicht selten haben diese ihren Reiz darin, daß gerade sie das Wasser spenden, der strömende Schoß also aus dem versteinten wieder hervorbricht –; und zweitens, entscheidender noch, daß der Autor Freud Plausibilität für seine These nur in Anspruch nehmen kann, weil ihr ein unbewußtes Einverständnis zugrundeliegt. Die Einheit von Eros und

Thanatos, Liebes- und Todessehnsucht kennt das ganze 19. Jahrhundert als ein zentrales Thema der Literatur und der Künste. Diese nämlich kreisen um den geheimen Selbstauslöschungswunsch, wie er in offizieller Rhetorik dann auch für die ›Bluthochzeiten‹ der Schlachtfelder herhalten muß, und reichern ihn noch an mit dem Opferstatus der Liebenden, der sich von nun an aufdringlich neben den des Artisten setzt und der das Unterpfand für das unterirdische Gelingen der Vereinigung bietet; am vollkommensten dort, wo das steinerne Gehäuse – ›o Grab, o Brautgemach‹ – nach antikem Vorbild zur Vereinigungskammer gerät wie in dem Finale des Liebestods in Verdis ›Aida‹.

4

Dieses Einverständnis, nun freilich mit dem realistisch-analytischen Akzent, der Opferstatus und Bedrohung offenlegt, hat bis heute Aktualität behalten in dem Bild, das uns eine der Großmetaphern des 19. Jahrhunderts vor Augen führt, die von Edgar Allan Poe inaugurierte des Maelströms. Ich zitiere, und zwar aus meinem ›Versuch über die Schwierigkeit nein zu sagen‹, das Modell, mit dem Poe die Selbstauslöschungsphantasien des 19. Jahrhunderts in die Katastrophenerwartung des 20. Jahrhunderts hinüberleitet: »Die klassische Beschreibung des Sogs hat Edgar Allan Poe gegeben. Der vom Maelström Erfaßte sieht sich an den Innenwänden eines Trichters schweben, der, obschon in rasender Bewegung, stillzustehen scheint. Die mahlende Bewegung des Wasserschlunds hat alle Geräusche verstummen gemacht, mit ihnen die Angst. Unfähig, sich zu rühren, treibt er in sich verengenden Spiralen der Tiefe zu. Grauen und Lockung fließen ineins. Seine Schwierigkeit ist: nicht zu vergessen, daß er das Opfer ist.« Und dann: »Beschreibungen wie diese, die dem frühen neunzehnten Jahrhundert entstammt, sind erst in unserem Jahrhundert Wirklichkeit geworden.« Aber, so füge ich hinzu, vorhergesehen und auf die Zivilisation als ganze gemünzt ist diese Wirklichkeit schon bei einem der hellsichtigsten Mythologen und zugleich Analytiker der zweiten Hälfte des 19. Jahrhunderts, der wie kein anderer das Umschlagen von Zukunftserwartung in Sucht, Sucht als ein Derivat des Fortschrittsglaubens beschrieben hat, bei Jules Verne. Sein Kapitän Nemo, der Heros mit dem redenden Niemands-Namen, Repräsentant bereits der Anonymität, steuert das unter Wasser fahrende Schiff einer Kultur und technischen Fortschritt vereinenden Zivilisation, die von Sklavenarbeit unterhaltene U-Boot-Arche ›Nautilus‹ mit Bibliothek, Konzertsaal inclusive Orgel, Kunst- und Naturkundemuseum und, natürlich, einem funkelnden Labor, in den Schlund des Maelströms.

5

Ich kehre aus der Metaphernwelt des 19. Jahrhunderts zur zeitgenössischen Sog-Faszination und den ihr zuarbeitenden aktuellen Formen der Sucht zurück. Wir werden vorbereitend ein paar Bemerkungen über den inzwischen veränderten Status des Subjekts machen müssen, dazu einen Blick auf die Philosophen werfen, die diese Veränderung registrieren, einen Seitenblick auch auf deren politische Brisanz, und dann danach fragen, ob sich, der immer gleichen Suchtbewegung zum Trotz, so etwas wie ein Leitbild der Sucht in der bis heute währenden, vielleicht jetzt erst beginnenden Nachkriegszeit entwickelt hat. Die Vermutungen, die ich äußern werde, sind als Anreiz zur Diskussion gedacht und, da sie aus dem Zusammenhang, den sie benennen, nicht herauszuspringen vermögen, selber symptomatischer Natur.

Früh schon kündigt sich im Fin de Siècle, an einem vermeintlich schon von Reizen überfluteten Subjekt, die objektive Erfahrung – oder sollten wir hier richtiger von einem Wunschtraum reden? – der Subjektlosigkeit an. Literatur und Philosophie, nicht zuletzt die Bildenden Künste, spiegeln diese Erfahrung. Hatte das Kantische Subjekt noch die Last der Welt der Erscheinungen, des ästhetischen u n d moralischen Urteils, ja die Verantwortung für die Gesetze der Natur zu tragen gehabt – nur so schien es fähig, den Gesellschaftsvertrag einzuhalten –, so wird diese Last in der ›Erlebnis‹-Philosophie des Fin de Siècle, in ihrer empiriokritizistischen ebenso wie in ihrer idiographischen Spielart, am programmatischsten dann in der alle Disziplinen ergreifenden Husserlschen Phänomenologie, dem Subjekt abgenommen. Es wird aufgelöst wie bei Mach, zum medialen Schwimmer im Lebensstrom wie bei Dilthey und Simmel, schlicht ausgeblendet wie in den Reduktions-Exerzitien Husserls. Sowohl das Pathos des ›Acephalen‹ bei Bataille und seinem Freundeskreis wie das ›Zu den Sachen selbst!‹ der Husserl-Schule, am deutlichsten in Heideggers fundamentalistischer Existenz-Ontologie, lösen das Versprechen der Subjektlosigkeit als Denkbewegung ein. Heideggers Ereignis-Kult der Dreißiger Jahre, der alle Subjekt-Objekt-Strukturen sprengt, damit auch der Wiederauferstehung des Subjekts vorsorglich den Riegel vorschiebt, wird, erst seit den fünfziger Jahren rezipiert, den bis heute, jedenfalls in den deutschsprachigen und romanischen Ländern, viel bewunderten und paraphrasierten Höhepunkt dieser Entwicklung bilden.

Das brauchte uns nicht weiter aufzuhalten, würde darin nicht mit seismographischer Genauigkeit der Subjekt-Tausch vorgezeichnet, den das süchtige Subjekt erstrebt. Heidegger ist der Seismograph dieser Bewegung. Er wie dieses Subjekt will, so meine These, erfaßt werden vom Sog, nicht mehr selbst Herr-und-eben-doch-nie-Herr seiner Bewegungen sein, sondern einer Bewegung angehören, die nach ihm greift und die, wenn sie ihn ergriffen hat, nicht nur Entlastung, sondern das Heil der gleichsam unterirdischen Vereinigung in Subjektlosigkeit bedeutet. Das aber geht nur durch einen Akt der Entleerung hindurch, die ihn zur Übergabe präpariert: in Heideggers Terminologie ›das

Opfer des Seienden zugunsten des Seins‹, in der Realität des Süchtigen die Abstoßung von allem, was ihn am Erreichen der Sogbewegung hindert. Heidegger, der die Entleerung zum Zwecke der ›Vereignung‹ betreibt, spricht von der ›Einfahrt in die Wesung‹ – ›Wesung‹ ist für ihn ein aufgeladener Bewegungsbegriff des ›Seyns‹ – als der hier gesuchten eigentlichen Erfahrung.

6

Sosehr alle ›Bewegungen‹ des ausgehenden 19. und beginnenden 20. Jahrhunderts mit der personunabhängigen Macht der Bewegung kokettieren – einer gleichsam medialen Macht, die sich durchsetzen wird, nicht einer Doktrin, die ihre Anerkennung finden, aber auch verlieren kann –, von der sozialistischen bis hin zur psychoanalytischen Bewegung: ganz zu sich gekommen und massenwirksam geworden, und zwar, peinlich genug, es auszusprechen, in einer leibhaftigen Volksbewegung, ist der so aufgeladene Begriff erst im Nationalsozialismus, der, die anderen Bewegungen zugleich überbietend und ausschaltend, sich selbst als ›Die Bewegung‹, ohne Beiwort also, empfahl. Hier setzt die Erinnerung ein: Von ›nationalsozialistischer Bewegung‹ zu reden machte den Sprechenden bereits verdächtig, weil er diese, statt von ihr ergriffen zu sein, mit dem Beiwort schon relativierte, objektivierte, in sprachliche Distanz zu ihr ging. Und das Ausgelöschtwerden, das die eben danach Süchtigen erstrebten, wurde im Duktus der Hitlerreden – ich meine die inszenierte Stimmführung dieser Reden – stellvertretend Ereignis. Erst wurde die Geschichte der Bewegung beschworen, noch sprach stockend sich erinnernd die Person, dann kündigte das Staccato der Erregung sexuelle Steigerung und medialen Umschlag an, und dann, mit dem Überschnappen der schon gebrochenen Stimme, trat der Subjekttausch ein, wie wir ihn einerseits aus den nicht mehr beherrschbaren konvulsivischen Zuckungen des sexuellen Akts und aller ihm darin vergleichbaren konvulsivischen Aktionen wie Lachen, Schluchzen, Schluckauf kennen, andererseits aber auch in allen, katastrophische Erregung ausagierenden und domestizierenden kultischen Veranstaltungen nachgebildet finden – sozusagen als Bestätigung, daß der Subjekttausch gelungen ist; und das gleiche Gelingen hier, in der den kultischen Höhepunkt der NS-Veranstaltungen bildenden Hitler-Rede, in der der Führer der Bewegung sich als ihr Medium erweist – eines, das die säkulare Trinität vollständig macht: nicht nur strafender Vater und aufbegehrender Sohn zugleich zu sein, damit den Ödipuskonflikt handgreiflich unterlaufend, sondern auch der dem Kollektiv, *das es so erst wird*, eingetränkte Opfergeist, an dem alle teilhaben können und so sich zu präparieren vermögen auf das eigene Opfersein. Das war eine ebenso peinliche wie bestechende Lösung: Die Opferung wird in actu vorgestellt, die Rede präsentiert das Zucken und Röcheln des Opfertiers, der Redende agiert den Subjekttausch aus, indem er sich als erstes, oberstes Opfer inszeniert, das – achten Sie auf die spezifische Form des Beifalls – röhrend angenommen wird. Es ist dies das Röhren der halluzinierten Bewegung selbst. Süchtig nach einem Sog, dem sie erliegen dürfen, haben die Teilnehmer an den NS-Veranstaltungen, dank Radio-Übertragung virtuell ein ganzes Volk, diesen ›Höhepunkt‹ gesucht; und auch daß sie – um eine letzte desillusionierende Bemerkung anzufügen – später lustlos in den Krieg gezogen sind, hat mit der sexuellen Grundlage der Suchtproblematik zu tun: das ›omne animal post coitum triste‹ gilt auch für sein Pendant in der Opferlogik, es trifft die Endlos-Verlängerung des immer gleichen Mechanismus, die Lustlosigkeit der Sucht.

7

Ich werde mich jetzt einiger Figuren der Heideggerschen Philosophie bedienen – ein durchaus heikles, weil den Verlokkungen der Mimikry ausgesetztes Unternehmen, für das ich Sie um Nachsicht bitte –, um den Übergang zur Aktualität plausibel zu machen. – Lustlosigkeit prägt auch das Erscheinungsbild der Heideggerschen Philosophie. Ihre Konstruktionen – das ist entscheidend, nicht das biographische Detail – verraten die Nähe zur NS-Bewegung. Heidegger überbietet den ›Geist der Bewegung‹ noch, für die er sich anfangs als ein geistig führendes Medium einsetzt – welche Naivität, eine solche Konkurrenz mit den realen Chefs auf sich zu nehmen! – und die er danach mit ihrem eigenen Zurückgebliebensein, zynisch-gleichgültig gegenüber den »vor der Zeit« gebrachten »Opfern« (sein Wort), konfrontiert. Aber der Mechanismus bleibt der gleiche: die ›andere‹ Bewegung, in die der Denkende aufgenommen werden will, der er sich als ihr Medium empfiehlt, geht nicht von ihm, sondern vom ›Ereignis‹ aus, das nun nicht mehr nur ein Wort für die historische ›Wende‹ ist, die ein ganzes Volk ergreift, sondern für die große, alles umstürzende Wendung im Sein selbst – ein Deckwort für Katastrophe. Nichts anderes bedeutet ja das Wort ›Katastrophe‹ als ›Wendung‹, ›Umsturz‹, auch ›Unterwerfung‹, und der sprachwurzelnsüchtige Heidegger ist sich dessen wohlbewußt, wenn er von der ›Kehre‹ spricht, die das ›Seyn‹ – das ursprungsmächtige, nicht den logischen Begriff – statt der Subjekte zum Subjekt erklärt und diesem schließlich das noch ursprünglichere, alle kategorialen Konditionen auslöschende ›Ereignis‹ vorordnet. Schon in der Freiburger Antrittsvorlesung von 1929 war das ›Nichts‹ der Mysterienname für das Sein, dem alles Seiende zum Opfer gebracht wird – jetzt, nur wenige Jahre später, auf dem Höhepunkt der NS-Volksbewegung, in dem nachgelassenen zweiten Hauptwerk ›Vom Ereignis‹, wird mit der noch mächtigeren Bewegung ernstgemacht. Sie geht von dem schrankenlosen, uranfänglichen ›Ereignis‹ aus, das jene wie jede historische Bewegung tragen oder verwerfen kann, das sie alle – das Wort, gleichfalls ohne Beiwort, sagt es – an Ereignis-Charakter, aber auch an fundamentalem ›Entsetzen‹ überbietet:

statt ›Der Bewegung‹, die noch eine historische war, nunmehr die Seyns-Bewegung selbst, die den vom Seienden Umgebenen, nunmehr Belagerten, ›entsetzt‹; und das – ich folge immer Heideggers Wortlaut und Konstruktion – in des Wortes doppelter Bedeutung: die Belagerung löst und so den Belagerten, nunmehr Entsetzten, ereignistauglich macht, zugleich ›entsetzlich‹ ist und darin auch das Regime überbietet – statt des kleinen, das wir als vermeintlich großes erfahren haben, das wahrhaft ›große‹ Entsetzen verbreitend.

So viel zur politischen und philosophischen Brisanz des Subjektwechsels – und zu seiner Aktualität. Denn was hier als eine überbietungssüchtige Rede vom Ereignis – wohlgemerkt, nicht über das Ereignis, sondern vom Ereignis her – erscheint und im Grunde bereits eine Katastrophenphilosophie ist, das hat noch immer seine aktuelle Entsprechung. Ich will, um diesen Gedanken plausibel zu machen, ein letztes Mal auf eine Eigentümlichkeit der Heideggerschen Philosophie eingehen: Es fällt auf, daß gerade ihre bewußten Archaisierungen es sind, die unbewußte Antizipationen verkleiden. Die sakramentale Beliebigkeit zum Beispiel der mit Heiligenschimmer vorgeführten archaischen Dingwelt im ›Ding‹-Aufsatz von 1950 – Krug und Bank, Steg und Pflug, Baum und Teich, Bach und Berg, Reiher und Reh, Pferd und Stier, Spiegel und Spange, Buch und Bild, Krone und Kreuz – läßt diese schon als Ausverkaufsware in einem Versandhauskatalog erscheinen, die prätendierte Kostbarkeit zeichnet einen Vorgriff auf die Freizeitindustrie der kommenden Jahrzehnte. – Ein älteres Beispiel: Das »Zeigzeug«, das zum Modell der ›zuhandenen‹ Gebrauchswelt im phänomenologischen Hauptwerk von 1926, ›Sein und Zeit‹, avanciert – es handelt sich um den in archaisierend-umständlichen Wendungen vorgeführten Winker des zu dieser Zeit noch jungen Automobils – und das in seinen ›Verweisungszusammenhängen‹ schließlich die Sphäre der ›Bewandtnisganzheit‹ eröffnet, die auf ein ›Wozu‹ zurückgeht, mit dem es selbst »keine Bewandtnis mehr hat«, nimmt auf bestürzende Weise die gegenwärtige Signalwelt, die an die Stelle der ehemals für Zurichtung und Kontrolle sorgenden Symbolwelt tritt und die uns ständig Katastrophennähe suggeriert, vorweg. – Und schließlich: Das archaisierende, darum mit ›y‹ geschriebene ›Seyn‹, das in der ihm vorgeordneten Rede vom ›Ereignis‹, beginnend bereits Mitte der Dreißiger Jahre, die Katastrophennähe in Katastrophen*präsenz* verwandelt, macht aufmerksam auf eine Form der Sucht, die mir heute die herrschende zu sein scheint und die in den Medien, die die Stelle medialer Vermittlung eingenommen haben, die wesentliche Verlockung bietet: Ereignissucht. Ereignissucht aber, insofern sie eine allgegenwärtige Katastrophenfaszination verrät und ausstrahlt, hat den Namen ›Katastrophensucht‹ verdient. ›Süchtig nach Katastrophe‹ ist die heute aktuelle Form der Formel ›süchtig nach Sog‹. – Aber ich habe die Veränderungen, die hier vorgegangen sind, näher zu beleuchten.

8

Ich darf Ihnen dazu, kurz vor Toresschluß, noch einmal eine kleine semantische Überlegung zumuten. Daß das epiphanisch hochgestochene Wort ›Ereignis‹, das aus der Mysteriensphäre stammt (›Eräugnis‹, also das, wonach Sie sich die Augen reiben) und das eben darum theologisch, philosophisch und politisch annektiert worden ist, zur gängigen Münze alltäglicher Kommunikation werden würde – vom Kaufereignis bis zum Stadtjubiläum mit Ereignis-Einlagen, von der Geschichtsrevue, die Geschichte in Ereignisketten zerlegt, bis zu den Happenings der Kunst- ebenso wie der Protestaktionen –, ist nicht allein mit einem inflationären Mechanismus zu erklären und als Folge einer neuerblühten Mysteriensehnsucht verständlich zu machen. ›Ereignis‹ hat einen gewalttätigeren Zug. Es bricht die Zusammenhänge auf, die wir ohnehin nicht mehr durchschauen können, und sträubt sich gegen jede Zuordnung von Grund und Folge.

Die Plots der Ereignis-Werbung arbeiten mit einer zersplitterten Wirklichkeit, die Illumination der Ereignisse mit Chaos- und Katastrophenreminiszenzen. Anders als das ›Erlebnis‹, das mir die Lebensfülle verspricht, aber eine, die ich altertümlich ›haben‹ und mit mir nehmen kann, läßt sich das Ereignis weder ›haben‹ noch mit sich nehmen. Virtuell hat es auch die Raum- und Zeitkoordinaten außer Kraft gesetzt, und in den Ereignissen, die den Medien teils zum Aufmacher – auch solch ein gewalttätiges Wort – und teils zum Inhalt dienen und die die Käufer zum Kauf und die Betrachter zum Betrachten treiben, tritt die Katastrophe selbst als der gesuchte Reiz hervor. Sie hat den sexuellen Reizen eindeutig den Rang abgelaufen. Nur wo diese katastrophisch verbrämt sind, sind sie solche, sonst bleiben sie den Bedürfnissen einer Generation, die sich vor Katastrophen fürchtet, vorbehalten. – So weit selbstverständlich – und doch befremdend. Denn während wir erwarten würden, daß die kleinteilig-katastrophische Zerstückelung der Realität, die sie insgesamt als einen borderline-Fall erscheinen läßt, Reflex der großen Katastrophen, also deren nach- und vorträgliches Ausagieren, ein geschickter Angstbewältigungsversuch und Abwehrmechanismus ist, scheint die ungerührte Hinnahme der realen Katastrophen das Gegenteil zu bekunden: sie sind immer noch nicht katastrophisch genug, jede Möglichkeit der visuellen Steigerung wird ausgeschlachtet, die Phantasmagorien laufen der Realität, und zwar mit dem Anspruch, selbst real zu sein oder doch wenigstens so potent, daß sie die Wirklichkeit hinter sich herzuziehen vermögen, lustvoll davon.

9

Eine Miniaturerwägung ist hier einzuschalten: Der Süchtige, dem die Vereinigung durch Haben und Hingabe zugleich, also die Balance von Haben und Gehabtwerden nicht gelingt – diese Balance das einzige, was wir als Therapieziel in allen psychischen Behandlungen erreichen können – und der nun auf die Bewegung aus ist, die ihn hemmungslos erfaßt, räumt alle Hindernisse, die sich ihm dabei in den Weg stellen, aus dem Weg. Auf diesen Beseitigungswunsch zielt seit langem die Reklame für unsere alltäglichen Suchtmittel. So wie der Sammler nicht an seiner Sammlung interessiert ist und diese, sei es mäzenatisch an die Öffentlichkeit, sei es unterweltlich in die Tresore abstoßen muß, ist der Käufer der Wohnungseinrichtung schon auf deren möglichst rasche Wiederbeseitigung, der des Genußmittels auf dessen Vertilgung aus. Das Wort ›Wegwerfgesellschaft‹ bringt die Begehrensstruktur des Süchtigen, den geheimen Vertilgungswunsch, ins Spiel – wie wenig es ums Anhäufen geht (wie gesagt, der moderne Sammler ist nicht Schatzbildner, was die älteren, zu unserem und unserer Museen Glück, noch waren), zeigt prototypisch *die* moderne Form der Sucht, die das Vertilgen ohne Anhäufen zum Nahziel hat – Fernziel ist auch hier, durch die Entleerungen hindurch, in eine andere Bewegung einzutreten bis hin zum letalen Durchgang – und die in der antiken Bedeutung des Worts doch nur ›Hunger haben wie ein Stier‹ bedeutet, die Bulimie. – Natürlich, können wir uns einwenden, das alles sind Folgen der gesteigerten Bedürfnisproduktion, wie sie mit jeder auf Wachstum angewiesenen realen Produktion Hand in Hand gehen muß, das kapitalistische System nötige uns die Suchtgesellschaft auf, um neue innere Absatzmärkte zu erschließen. Aber ich neige zu Skepsis gegenüber dieser wie jeder scheinbar ›objektiven‹ Argumentation mit Grund und Folge. Wie, wenn jenes System mit Produktion und Konsumtion auf der gleichen süchtigen Disposition aufruhte? – Der kleine Umweg hat uns eine Brücke herzustellen erlaubt, die zunächst nur spekulativ zu sein scheint, mit der wir aber vielleicht doch einen Zipfel der Realität zu fassen bekommen. Katastrophenfaszination und, ihr entsprechend, das süchtige Hinarbeiten auf die Katastrophe scheint im großen das zu sein, was unser ›normales‹ alltägliches Suchtverhalten im kleinen ist, die Übergänge scheinen gleitend zu sein, und es sind ja auch die gleichen Subjekte, die hier von den Suchtmitteln des Konsums und dort von der medialen Exaltation der Verarbeitung realer und imaginärer Katastrophen angezogen und mit schöner Regelmäßigkeit enttäuscht werden (und natürlich die Enttäuschung immer auch herbeizuführen trachten, süchtig nach Enttäuschung sind, die allein sie weiterbringt auf dem Vertilgungsweg). So wie hier die Gegenstände dieser Welt, die sich dem Süchtigen in den Weg stellen und seinen Vereinigungswunsch zu vereiteln drohen, aus der Welt geschafft werden müssen – doch in Wirklichkeit will er ihnen nach, die Bewegung süchtigen Habenwollens und Vertilgens soll ja in ein großes Endlich-gehabt-und-mitgenommen-Werden hinüberleiten –, so ist dort die geheime Erwartung am Werke, daß es gelingen möge, die Welt selbst aus der Welt zu schaffen: ihr will der Katastrophensüchtige nach.

10

Das scheint eine reichlich überspitzte Formulierung zu sein und wenig mit den alltäglichen Phantasmagorien und der von mir ins Spiel gebrachten, sexuell aufgeladenen Realerfahrung und Metaphernwelt des Sogs zu tun zu haben. Aber seien wir vorsichtig in unserem Urteil. Lenken wir ein vorerst letztes Mal den Blick auf die Erscheinung des Sogs mit seiner Maelströmfaszination, also diese Schoßmetapher für Vereinigung durch Ausgelöschtwerden, zurück. Wir werden sie abschließend mit einem aktuelleren Bild, das die Veränderung deutlich macht, konfrontieren müssen. Zunächst: es ist nicht zu viel gesagt, wenn wir das Symbol ›Maelström‹ als ein sehr realistisches Bild historischer Ambivalenz und Schuldgefühle, und zwar auf dem Hintergrunde der Geschlechterspannung – sie ja das Movens aller Faszination – deuten. Jules Vernes großer anonymer Rächer Nemo (denn das ist der Kapitän bei ihm, die Rachegeschichte allerdings bleibt so wie er selbst im dunkeln) fährt in einen phantasmagorisch-realen Schoß hinab, und Rachemacht – die der unterdrückten Schöße, wenn ich es einmal salopp so sagen darf – ereilt ihn selbst. Noch sind gleichsam organische Bilder aufgeboten für eine gattungsgeschichtlich uralte Verstrickung, in der das zugleich Begehrte und Unterdrückte zugleich Erlösungs- und Rachephantasien nährt. Alle Male haben wir es mit Kompromißbildungen zu tun – das Ausgelöschtwerden hat, gegenüber der schmerzhaften Unfähigkeit, eine taugliche Balance der Geschlechter auf Dauer herzustellen, eine resignativ-realistische Entlastungsfunktion, der Maelström bleibt eine unterweltliche Vereinigungsmetapher. Nun muß ich gleich hinzufügen, daß sich die Phantasie der Völker immer wieder an derartigen Metaphern entzündet hat – solche Tode gerinnen zu Durchgangsstationen, Wiederauferstehung winkt, man muß hindurch, um in ein anderes Leben initiiert zu werden. Aber solche Initiationen, sprechen wir es mit Deutlichkeit aus, sind illusionär. Sowenig die auf dem Schlachtfeld Geschlachteten (von daher führt dieses ja seinen Opfernamen) in den Armen des Stammes oder der Nation wiederauferstehen: nur deren imaginärer Körper hat sich gekräftigt mit ihrem Blut; so wenig würde die Wiederauferstehung aus dem Ursprungsschlund, den Freud, abrückend von einem Lustbegriff, der Spannung und nicht Entspannung bedeuten könnte, vorsichtshalber ins Anorganische versteint, ein anderes Leben bedeuten. Die Mythologien kennen das Problem: Der Held, der auftaucht, muß ein zweites Mal hinab, und dann bleibt er unten so wie Schillers Taucher auch, oder aber er wird ein Agent des Racheschlunds und zieht die anderen nach. Kurz, die alten Metaphern drücken realistisch weiter die alten Schwierigkeiten aus. – Der Realismus und die Hellsicht, die ich Edgar Allan Poe und Jules Verne zugesprochen habe, rühren von ihrem neuen, analytischen Umgang mit diesen Metaphern her, beide Male versuchen es Figuren, der Sogfaszination zu widerstehen und – mit dem uns gewohnten Wort – ›auszusteigen‹, beide Male ist das erzählerisch die Chance des uns, beide Male, als Erfahrungsreportage gegebenen Berichts. – Diese Möglichkeit, auszusteigen, ist heute ebenfalls illusionär, aber für unser Thema, Sog und Sucht, hat gerade diese Illusion Brisanz. Ihre Brisanz äußert sich in einer unerwarteten Alternative, die ich Ihnen zum Abschluß vorstellen möchte.

II

Die überspitzte Formulierung: ›die Welt selbst aus der Welt schaffen, und ihr nach!‹, erscheint nur so lange als abstrakte Konstruktion, wie wir sie bildlos dem Maelström gegenüberstellen. Aber wir haben *ein* Feld der Imagination, das unverdächtiger als alle anderen ist, weil sich die Phantasien der exakten Wissenschaft und die der medialen Bewußtseinsindustrie auf ihm treffen. Die kosmologische Phantasie zeichnet heute ein anderes Katastrophenbild als um die Jahrhundertwende. – Der bürgerlichen Gesellschaft als – mit Tillichs Wort – ›in sich ruhender Endlichkeit‹ schien das unendlich langsame Erlöschen, der Kältetod, die angemessene globale Untergangsmetapher zu sein. Wir sehen, wie aufrührerisch die Metapher des Maelströms dagegen ihr Begehrensmodell setzt. Heute werden wieder Bilder der ältesten kosmologischen Spekulationen, Ein- und Ausatmen, Kontraktion und Distraktion, als Hoffnungsträger ewigen Pulsierens ausgemalt, aufreizend anthropomorph gegenüber dem hochabstrakten mathematischen und physikalischen Rüstzeug einer diesen winzigen Ausschnitt der kosmischen Unendlichkeit denkend zu überschreiten suchenden Wissenschaft. Wir bewegen uns in katastrophisch eingefärbten Untergangs- und Auferstehungsvisionen und damit immer noch in einem großen, kosmisch geweiteten Initiationsraum. Und damit nicht genug: Chaostheorien beschwören die Selbstordnungskräfte der Materie und lassen uns als einen virtuellen Nutznießer davon profitieren. Wirklich populär geworden aber ist das Bild, vor dem diese und jene nur einen Schleier bilden, das der Maelströmmetapher die kosmische Fortsetzung beschert, nun global und endgültig, das den versteinten Schoß, der immer noch Ursprungsmaske war, regressiv überbietet – die große Phantasie vom *Schwarzen Loch*. Dies ist die erstaunlichste Schoßmetapher, die wir zur Zeit haben: spur- und zeichenlos saugt es ein und läßt verschwinden, auch die Reizüberbietung der Katastrophenmedien ist stillgestellt, denn keine Information dringt hier heraus, geschweige, daß ein Geschichtenerzähler, ein kosmischer Aussteiger sozusagen, ihm entkäme. Zugleich bewirkt es die unendliche Verdichtung allen Stoffes, den es in sich saugt – keine Formbarkeit bleibt wie die des Steins für Mäuler und Brunnenmasken, die Spannung der Materie ist ausgetilgt. – Doch so stark ist die Macht der mit Geschlechterspannung verfahrenden Phantasie, daß dieses letzte katastrophische Suchtprodukt – so möchte ich es angesichts seiner Popularität einmal nennen – doch wieder als Schoß und Schlund erscheint, freilich einer, der nur noch in der einen, der zerstörerischen Richtung tätig ist. Wollten wir auch dies noch als Vereinigungsmetapher interpretieren, fielen uns nur noch mafiose Vergleiche ein: was hier eingeht, ist endgültig zementiert. Zugleich aber führt uns diese Metapher noch einmal das Paradox der Suchtbewegung vor Augen. Nicht bloß der Subjekttausch ist ersehnt, sondern Katastrophensehnsucht, die mit ständiger Überbietung der Spannung einhergeht – Spannung ist ja auch das Zauberwort der Medienwirksamkeit schlechthin –, zielt auf ihr Gegenbild: das Jenseits von Spannung und Entspannung. Daß es noch immer seiner Spannungs-Herkunft verpflichtet ist, bezeugt der katastrophale Vorgang, durch den jene ›Lösung‹ herbeigeführt wird. Hier wäre der Ansatz des Vergleichs mit fernöstlicher Meditation, die eine andere, nicht-katastrophische Form des Aussteigens aus Sucht- und Sogbewegung zum – illusionären – Ziele hat. Aber das würde den von mir gesetzten Rahmen überschreiten.

12

Ich hatte zum Abschluß eine unerwartete Alternative angekündigt – ich meinte damit, daß ein uns allen geläufiger Riß durch unsere Suchtgesellschaft geht, der das Suchtproblem unmittelbar berührt. Die Süchtigen, die sich auf den privaten Trip begeben, Alkohol- und Drogensüchtige, Sex- und Freßsüchtige zum Beispiel, sind natürlich Teil der Suchtgesellschaft. Aber es wäre vorschnell, zu urteilen, sie agierten nur deren Probleme aus, steuerten nur eben auf ihre eigene, private Katastrophe zu. Wir werden zu fragen haben, wieweit nicht Süchte heute eingesetzt werden als Mittel, der Suchtgesellschaft zu entkommen, nicht vor ihr die Augen zu schließen, sondern Sucht der Sucht entgegenzusetzen, *aus der Suchtgesellschaft auszusteigen mittels Sucht.* Sucht, so gesehen, wäre ein erster, noch untauglicher, selbst-therapeutischer Versuch, dem tauglichere therapeutische zu folgen hätten. – Vielleicht ist es dieser Riß, in dem eine Analyse anzusetzen hätte, die nicht der Faszination des Themas ›Sucht und Sog‹ verfallen will. – Ich danke Ihnen für Ihre Aufmerksamkeit.

Anmerkungen

Das jetzt 30 Jahre alte Buch: mein *Versuch über die Schwierigkeit nein zu sagen*, Frankfurt a.M. 1964 (fertiggestellt 1962), Basel / Frankfurt a.M. 1985[3].

Zu 1

Hermann Paul, *Deutsches Wörterbuch*, Halle a.S. 1897: »*Sucht* zu siech, also = Krankheit«, dazu die intentionale Umdeutung des Worts entsprechend seinen Spezifikationen (z.B. Mondsucht, Wassersucht, Tobsucht, Trunksucht) inclusive seiner volksetymologischen Anlehnung an ›suchen‹. – Friedrich Kluge / Alfred Götze, *Etymologisches Wörterbuch der deutschen Sprache*, 16. Aufl., Berlin 1953: *Sog* die »wirbelnde (urspr. saugende) Bewegung des Wassers um den Hintersteven des fahrenden Schiffs, zu saugen«. – Ebd. ›Sucht‹ scheinbar zwei Wörter, nämlich *Sucht*[1] ›Krankheit‹ (auch hier der Hinweis auf ›siech‹ und der Zusatz: »Nhd. Sprachgefühl verbindet Sucht irrend mit suchen, darum Sucht nach etwas«) und *Sucht*[2] ›saugende Strömung im Meer‹ (»ein Ausdruck der Ostseeküste. Zu saugen«). Jedoch auch hier, im Art. *siech*, die ganze Wortfamilie ›Seuche‹, ›Sucht‹, ›siechen‹ unter Berufung auf Nild Lid (Norsk Tidskr. f. Sprogvidensk. 7, 170; 1934) zu ›saugen‹ gestellt (mit dem Hinweis: »Krankheit war in der Vorstellung unserer Altvordern durch saugende Dämonen verursacht«, daher »ursprünglich ›gesogen sein‹«). – *Tucht* (zu ›taugen‹ wie ›Sucht‹ zu ›saugen‹) als altertümelndes Wort für ›Tugend‹ in der George-Schule: vgl. Platons *Gastmahl*, übertragen und eingeleitet von Kurt Hildebrandt, Lpz. 1934, S. 33 et passim (»nicht Schattenbilder der Tucht gebären ..., sondern wahre Tucht«, St. 212 A). – Kierkegaard, *Die Krankheit zum Tode* (1849), in neuer Übertragung und mit Kommentar von Liselotte Richter, Reinbek bei Hbg. 1962 (das Leben, von dem hier die Rede ist: ›Geistesleben‹, S. 89, die Krankheit › Verzweiflung‹, S. 13 ff., sie gerade das ›ganz Gewöhnliche‹ dieses Lebens, S. 22). – Goethes Mignon-Lied in der Urfassung (*Wilhelm*

Meisters theatralische Sendung, 1785, *Sechstes Buch, Siebentes Kapitel,* zit. nach der *Gedenkausgabe,* 8. Bd., Zürich 1949): »Nur wer die Sehnsucht kennt, / Weiß, was ich leide! / Allein und abgetrennt / Von aller Freude, / Seh' ich ans Firmament / Nach jener Seite. // Ach der mich liebt und kennt / Ist in der Weite! / Es schwindelt mir, es brennt / Mein Eingeweide. / Ach wer die Sehnsucht kennt! / Nur wer die Sehnsucht kennt, / Weiß, was ich leide.«

Zu 2

Das Bild des Meers und seiner Gefahren als Metapher des Unbewußten (präsent in Literatur, Musik und Kunst des 19. und frühen 20. Jahrhunderts) ist bei Freud den Schutzmaßnahmen ablesbar, die gegen sie getroffen werden – z.B. wenn »das gereifte und erstarkte Ich« eine Revision älterer Verdrängungen vornimmt: »Diese neuen Dämme haben eine ganz andere Haltbarkeit als die früheren; ihnen darf man zutrauen, daß sie den Hochfluten der Triebsteigerung nicht so leicht nachgeben werden« (*Die endliche und die unendliche Analyse,* 1937, *Ges. Werke XVI,* S. 71), oder wenn der psychoanalytische Arbeits-Appell »Wo Es war, soll Ich werden« so kommentiert wird: »Es ist Kulturarbeit etwa wie die Trockenlegung der Zuydersee« (*Neue Folge der Vorlesungen zur Einführung in die Psychoanalyse,* 1933, *Ges. Werke XV,* S. 86). – Zum ›abenteuernden‹ Ich: Freud nennt es »Seine Majestät, das Ich, den Helden aller Tagträume wie aller Romane« (*Der Dichter und das Phantasieren,* 1908, *Ges. Werke VII,* S. 220), und er beschreibt sein Avancement – den »Schritt, mit dem der Einzelne aus der Massenpsychologie austritt« – zum Märchenhelden und Heros des Mythos (*Massenpsychologie und Ich-Analyse,* 1921, *Ges. Werke XIII,* S. 152 f.). – Die Konkurrenz von Vater und Sohn, im ›Urvatermord‹ mythisch fundiert und überhöht (*Totem und Tabu,* 1912/13, IV *Die infantile Wiederkehr des Totemismus* 5-7, *Ges. Werke IX,* S. 169 ff.), führt zur Ausbildung des Ödipuskomplexes und, ineins damit, der Aufrichtung der später (*Das Ich und das Es,* 1923, *Ges. Werke XIII,* S. 262) ›Über-Ich‹ benannten Instanz. Diese erscheint als »Reinkarnation früherer Ichbildungen, die ihre Niederschläge im Es hinterlassen haben«, steht somit »dem Es dauernd nahe«, »taucht tief ins Es ein, ist dafür entfernter vom Bewußtsein als das Ich« (ebd., S. 278). Eine weib-weibliche Entsprechung hat sie nicht, vielmehr spielen Märchen und Mythen mit der Vertauschbarkeit von Müttern und Töchtern wie mit deren prinzipieller Identität und machen so die weibliche Generationenfolge zu Aspekten einer einzigen, letztlich zeitlosen Figur (z.B. Hekate-Demeter-Persephone als die eine dreigestaltige große Göttin). – Zur halluzinierten Befriedigung hospitalismusgeschädigter Kleinkinder, deren cephalogyrische Bewegungen kein ›semantisches Zeichen‹ (unser ›Nein‹), sondern ›Regression‹ bedeuten: René A. Spitz, *Nein und Ja. Die Ursprünge der menschlichen Kommunikation*, Stg. o.J. (*No and Yes. On the genesis of Human Communication*, New York 1957), S. 37 und 91. – Bei Bomarzo liegt der für Vicino Orsini von (wahrscheinlich) Bartolommeo Ammanati eingerichtete ›Sacro Bosco‹, die architektonische und skulpturale Realisierung des verzauberten Waldes aus Bernardo Tassos *Floridante*; dazu: Fritz Baumgart, *Renaissance und Kunst des Manierismus*, Köln 1963, S. 153 ff., mit Korrektur an Gustav René Hockes *›Amadigi‹* statt *›Floridante‹* (G.R. Hocke, *Die Welt als Labyrinth. Manier und Manie in der europäischen Kunst*, Hbg. 1957, S. 85 ff., nennt ihn »ein manieristisches Konzentrat Europas« und beschreibt seine Nachwirkung in der europäischen Kunst – tatsächlich bereits ein Zeugnis heutiger Ängste und Halluzinationen).

Zu 3

Freuds Spekulation über Lebens-und Todestrieb: *Jenseits des Lustprinzips*, 1920, *Ges. Werke XIII*, S. 40-45, S. 60-69; dazu vgl. in diesem Buch: *Von Nutzen und Nachteil der Spaltung / Religionsphilosophische Erörterung eines gattungsgeschichtlichen Symbols*, u. S. 69 ff. – Zur Trieb- und Drangmetaphorik Ernst Blochs: vgl. meinen *Versuch über die Schwierigkeit nein zu sagen*, wie o., S. 163 f. (eine Konfrontation des Blochschen Sucht-Begriffs mit meinem Begriff ›Sog‹), sowie die dort zitierten Schriften Blochs, besonders *Philosophische Grundfragen I / Zur Ontologie des Noch-Nicht-Seins*, Frf.a.M. 1961, S. 50 f. – Die Bocca della Verità im Pronaos von Sa. Maria in Cosmedin war möglicherweise der Deckel eines Schwurbrunnens vom Forum boarium, an dem die Viehhändler sich von ihren Meineiden reinwuschen: vgl. Walter Buchowiecki, *Handbuch der Kirchen Roms. Der römische Sakralbau in Geschichte und Kunst von der altchristlichen Zeit bis zur Gegenwart*, 2. Band, Wien 1970, S. 585 und 598, mit Berufung auf den Barnabitenpater De Feis und unter Heranziehung von Ovid, *Fasti V*, 669-92 (aqua Mercurii). – Steinmünder, die Wasser spenden (oft ist ein Sarkophag das Auffangbecken): z.B. im Garten der Villa Farnesina, z.B. in der Via Giulia, Rom. – »O Grab, o Brautgemach« (*ō tymbos, ō nympheion*): Sophokles, *Antigone,* V. 891; hier ist die Situation des eingemauerten Liebespaars in Verdis *Aida* vorgebildet, wennschon ohne den Vereinigungstriumph (denn Antigone erhängt sich, und auch Haimon gibt sich selbst den Tod) der Liebestode in der Oper des 19. Jahrhunderts.

Zu 4

Die ›klassische Beschreibung des Sogs‹ bei Edgar Allan Poe: *Hinab in den Maelström* (1841), in der deutschen Nachkriegsausgabe *Wirbel und Nacht / Drei Novellen,* Stg. o.J., S. 47 ff. – Meine erläuternde Paraphrase: *Versuch über die Schwierigkeit nein zu sagen,* wie o., S. 137 f. – Jules Vernes Kapitän Nemo: *20 000 Meilen unter Meer (Vingt mille lieues sous les mers,* 1870), 2 Bde. Zürich 1966; dort die Beschreibung des Nautilus: I, 11.-14. Kap., s. 142 ff.; die Fahrt in den Maelström: II, 22. Kapitel. – Zu Jules Verne als einem der ›hellsichtigsten Mythologen und zugleich Analytiker in der zweiten Hälfte des 19. Jahrhunderts‹: vgl. *Widerspruch und Verantwortung in der Hochschule* (1970), demnächst in *Reden und kleine Schriften 2.*

Zu 5

Ich beschränke mich an dieser Stelle auf Heidegger-Reminiszenzen. – Heideggers Ereignis-Kult der Dreißiger Jahre: ausgeführt in *Beiträge zur Philosophie,* entstanden 1936-1938, veröffentlicht postum als Band 65 der *Gesamtausgabe,* herausgeg. von Friedrich-Wilhelm von Herrmann, Frf.a.M. 1989, mit dem redenden Untertitel *Vom Ereignis* (nicht über das Ereignis, sondern vom Ereignis her, von ihm »er-eignet« und so »dem Er-eignis übereignet«; ebd. S. 3). Jedoch lange vor Erscheinen des nachgelassenen zweiten Hauptwerks setzt Ende der 50er Jahre die Rezeption und rasche Verselbständigung des Ereignisbegriffs ein. Vgl. hierzu *Der Weg zur Sprache* in *Unterwegs zur Sprache,* Tübingen 1959, S. 239 ff., mit der biographisch aufschlußreichen Anmerkung (S. 260, 1): »daß der Verfasser seit mehr denn fünfundzwanzig Jahren das Wort *Ereignis* für die hier gedachte Sache in seinen Manuskripten gebraucht«, und dem die ontologische Rangordnung sicherstellenden Zusatz: hier werde nicht »›das Sein‹ als Ereignis gedacht«, vielmehr lasse sich »das Sein hinsichtlich seiner Wesensherkunft aus dem Ereignis denken« (ebd.). – Ins allgemeine Bewußtsein tritt dann der Begriff, mit dessen Hilfe die ›Ereignisse‹ von und nach 1933 ontologisch sowohl fundiert wie relativierend überboten werden (denn das genau ist Heideggers bald einsetzende sog. ›Kritik‹ am NS: ontologische Überbietung), mit der Veröffentlichung des Freiburger Vortrags *Zeit und Sein* in *Zur Sache des Denkens,* Tübingen 1969, abermals mit der pointierenden, alle Konditionen auslöschenden Bestimmung: »das Sein eine Art des Ereignisses und nicht das Ereignis eine Art des Seins«, und der (durchaus zeitdiagnostischen) Konsequenz daraus: »Sein verschwindet im Ereignis« (ebd. S. 22). – Der Akt der Entleerung, der aufs Opfersein präpariert: erstmals von Heidegger beschrieben in der Freiburger Antrittsvorlesung *Was ist Metaphysik?* (Bonn 1929) und im Nachwort zur 4. Auflage (1943) so interpretiert: »Das Opfer ist der Abschied vom Seienden auf dem Gang zur Wahrung der Gunst des Seins« (zit. nach der 5. Aufl., Frf.a.M. 1949, S. 45). In *Beiträge zur Philosophie (Vom Ereignis),* wie o., wird dann dem ›ersten Anfang‹, der »nach der Wahrheit des Seienden« fragt, der ›andere Anfang‹ programmatisch gegenübergestellt: dieser »erfährt die Wahrheit des Seyns« (S. 179), und mit dessen Hilfe das Opferritual noch bündiger formuliert: »Im anderen Anfang wird alles Seiende dem Seyn geopfert, und von da aus erhält erst das Seiende als solches seine Wahrheit« (S. 230) – Opferwahrheit. – »Einfahren in die Wesung« (des Seins, der Wahrheit): der vom ›anderen Anfang‹ her gedachte Erfahrungsbegriff (»Die Wesung jenes, worin wir *ein*fahren müssen. Das meint hier ›*Er*fahrung‹«; *Beiträge,* wie o., S. 289).

Zu 6

Die konvulsivischen Bewegungen als Katastrophen-Darstellung und Katastrophen-Beschwörung, inclusive ihrer dadurch sich ergebenden Kulttauglichkeit, von mir erstmals dargestellt in *›Theorie‹ des Lachens* (Vortrag zu Aby Warburgs 50. Todestag, veröffentlicht in *›Nervöse Auffangsorgane des inneren und äußeren Lebens‹, Karikaturen,* herausgeg. von Klaus Herding und Gunter Otto, Gießen 1980, S. 12 ff.; wiederabgedruckt in *Lachen – Gelächter – Lächeln / Reflexionen in drei Spiegeln,* herausgeg. von Dietmar Kamper und Christoph Wulf, Frf.a.M. 1986, S. 17 ff.; vorgesehen für Bd. 3 der *Reden und kleinen Schriften*).

Zu 7
Die ›Opfer vor der Zeit‹: Martin Heidegger, *Der Feldweg*, Frf.a.M. 1953 (zuerst Hbg. 1949 als *Der Zuspruch des Feldweges* in *Sonntagsblatt*, Jg. 2, Nr. 43), S. 7 (»Die Stille .. reicht bis zu jenen, die durch zwei Welt-Kriege vor der Zeit geopfert worden sind«). – ›Nichts‹ als Mysterienname für das Sein, dem alles Seiende zum Opfer gebracht wird: vgl. meinen *Versuch über die Schwierigkeit nein zu sagen*, wie o., S. 142 f. – Zum Doppelsinn des Worts ›Entsetzen‹ vgl. Heideggers *Beiträge zur Philosophie (Vom Ereignis)*, wie o., S. 482 f.: das ›Seyn selbst‹ »ist nichts anderes als das Ent-setzende und Ent-setzliche«. Das ›Ent-setzende‹: nämlich das Ereignis, in dem »das Seyn selbst uns als die im Seienden Belagerten dieser Belagerung ent-setzen muß«; das ›Ent-setzliche‹: eben jene Grundstimmung, die ›im anderen Anfang‹ an die Stelle des Erstaunens als der Grundstimmung ›im ersten Anfang‹ tritt; zum Entsetzen gehöre die Angst so »wie das Nichts zum Seyn« – wir sollen, solcherart entsetzt, darin nicht nur »das Wüste und Grausige« vermuten, sondern »die Bestimmung in die Wahrheit des Seyns« erfahren (s. 483). Dann lernen wir: »Das große *Entsetzen* kommt nur aus dem wesentlichen, schon im anderen *Anfang* stehenden *Wissen*, niemals aus der Ohnmacht und bloßen Ratlosigkeit« (S. 158) – und das alles aufgezeichnet zwischen 1936 und 1938, die schwarze Gloriole des real Entsetzlichen (»durch und durch durchstrahlt vom Nichts west das Seyn«, S. 483) und seine ontologische Überbietung zugleich. – Die archaische Dingwelt: *Das Ding* (1950) in *Vorträge und Aufsätze*, Pfullingen 1954, zit. S. 181 (dazu vgl. mein *arbeiten mit ödipus / Dahlemer Vorlesungen 3*, herausgeg. von Hans-Albrecht Kücken u.a., Basel / Frf.a.M. 1993, S. 74 ff.). – Das ›Zeigzeug‹ des zu Heideggers Zeit noch jungen Automobils: *Sein und Zeit*, Halle 1927, S. 78 ff.; die ›Bewandtnisganzheit‹ (sie geht »letztlich auf ein Wozu zurück, bei dem es keine Bewandtnis mehr hat«) ebd., S. 84. – Die ypsilontische Schreibweise ›Seyn‹, obschon in den posthumen *Beiträge(n) zur Philosophie (Vom Ereignis)* fast durchgehend verwandt, taucht erst spät in den Veröffentlichungen auf; programmatisch, soweit ich sehe, erstmals in *Aus der Erfahrung des Denkens*, Pfullingen 1954, und hier bezeichnenderweise unter Aktualitätsforderung einerseits (»Das Denken bleibt hart am Wind der Sache«, S. 11), unter Berufung auf das »Älteste des Alten« andererseits (es »kommt in unserem Denken hinter uns her und doch auf

uns zu«, S. 19) – so erst gelingt der »Schritt zurück aus der Philosophie in das Denken des Seyns« (ebd.).

Zu 8

›Ereignis‹ – ›Eräugnis‹: s. Hermann Paul, *Deutsches Wörterbuch*, wie o., Art. *ereignen* (›eräugnen‹, ›eräugen‹ bedeute eigentlich »vor die Augen bringen«, »zeigen«).

Zu 9

Zu Sucht und Reklame: vgl. bereits meinen *Versuch über die Schwierigkeit nein zu sagen*, wie o., S. 145 ff.; inzwischen unter dem Vorzeichen Katastrophenfaszination: *Zur Geistlosigkeit der Universität heute*, Oldenburger Universitätsreden Nr. 8, Oldenburg 1987, S. 16 ff. (demnächst in *Reden und kleine Schriften 2*).

Zu 10

Jules Vernes ›Rächer‹ Nemo: *20 000 Meilen unter Meer*, wie o., Bd. II, 22. Kap. – Zu ›Schlacht‹ und ›schlachten‹: vgl. Hermann Paul, *Deutsches Wörterbuch*, wie o., Art. *Schlacht* (»der ursprüngliche Sinn liegt zu Grunde in der Ableitung *schlachten*«). – ›Ein zweites Mal hinab‹: Schillers Ballade *Der Taucher* (1797) steht in einer sowohl heroischen wie Martyriums-Tradition. Die Märtyrer, die das erste Mal den Tod besiegen und so zeigen, daß sie todesmächtig sind (der von Pfeilen durchlöcherte Heilige Sebastian z.B.), müssen das zweite Mal dennoch hinab (der Tod ist kein Schein, sie sind sterblich wie wir), allerdings um danach auf wunderbare Weise erhoben zu werden. Und umgekehrt: ›Agent des Racheschlunds, der die anderen hinabzieht‹, sind der *Herakles mainomenos* des Euripides ebenso wie der Siegfried des *Nibelungenlieds* (vgl. Klaus Heinrich und Heiner Müller, *Siegfried, Heros der Unterwelt*, in *Die Nibelungen / Bilder von Liebe, Verrat und Untergang*, herausgeg. von Wolfgang Storch, München 1987, S. 29 ff.: Siegfried »ist ja das hochgeholte, aufgeschlagene Totenreich, und das muß nun realiter exekutiert werden«). – Der ›Aussteiger‹ bei Edgar Allan Poe: ein zum »Wanderer aus dem Reich der Schatten« gewordener, vor der Zeit gealterter Mann, der einzige von drei Brüdern, den der Maelström nicht behalten hat und der – so wie der Mann ›Er‹ am Ende von Platons *Politeia* (10. Buch, St. 614-621) – aus der Unterwelt zurückkehrt, um die Höllenfahrt zu berichten (*Hinab in den Maelström*, wie o., S. 47 und 66). – Der ›Aussteiger‹ bei Jules Verne: ein stellvertretender Direktor und Professor am Naturhistorischen Museum in Paris, der, zusammen mit seinem Diener und einem kanadischen Walfänger, von Kapitän Nemo gekidnappt wird und, mit diesen, dem in den Maelström rasenden Nautilus entkommt, um seinen unterweltlichen Expeditionsbericht abzuliefern; bemerkenswert: er schildert die gleiche Kreiselbewegung des Maelströms wie Edgar Allan Poes weißhaariger Lofotenfischer (*20 000 Meilen unter Meer*, wie o., II, 22. Kap.).

Zu 11
Paul Tillichs Charakteristik der bürgerlichen Gesellschaft des 19. Jahrhunderts als ›in sich ruhende Endlichkeit‹: *Die religiöse Lage der Gegenwart*, Berlin 1926, S. 17-27, S. 49. – Die Phantasie vom Schwarzen Loch, dem kein ›kosmischer Aussteiger‹ entkommen kann: in Naturwissenschaft interpretierender Darstellung bei Steven W. Hawking, *Eine kurze Geschichte der Zeit / Die Suche nach der Urkraft des Universums (A Brief History of Time: From the Big Bang to Black Holes)*, Reinbek bei Hbg. 1988, S. 107 ff. Der Phantasiehorizont, in den die Forschung metaphorisch eingebunden bleibt, wird aufdringlich deutlich in dem sog. ›Keine-Haare-Theorem‹: »Ein schwarzes Loch hat keine Haare« (das bezeichnet den Umstand, daß die Beschaffenheit des Körpers, aus dessen Zusammensturz es resultiert, keinen Einfluß hat auf Größe und Gestalt des Lochs; S. 121); im übrigen lasse es sich – ein letztes Mal sind wir bei Edgar Allan Poe – als ein sich drehender Kreisel beschreiben (S. 120).

Zu 12
Zur Faszination des Themas ›Sucht und Sog‹ heute: vgl. *Sog*, Interview mit Klaus Heinrich von Horst Kurnitzky, in *Niemandsland*, Zeitschrift zwischen den Kulturen, herausgeg. von Wolfgang Dreßen u.a., Jahrg. 1, Heft 3 1987, dort bes. S. 90 ff.

III Von Nutzen und Nachteil der Spaltung

Religionsphilosophische Erörterung eines gattungsgeschichtlichen Symbols

Ich danke Ihnen für die ehrenvolle Einladung zu Ihrem Kongreß.* Mein Thema ist die religionsphilosophische Erörterung eines alten gattungsgeschichtlichen Symbols, der Spaltung. Wer Nutzen und Nachteil symbolisch aufgeladener Spaltungsprozeduren beschreiben will, muß sich auf mythologischen Stoff und dessen teils theologische, teils philosophische, immer aber literarische und bildliche Bearbeitung einlassen. Ich werde das in 10 kurzen Abschnitten tun, mein Vortrag wird ca. 45 Minuten dauern. – Bitte gestatten Sie mir, ehe ich damit beginne, eine Vorbemerkung. Niemals hätte ich geglaubt, daß zu meinen Lebzeiten ein internationaler psychoanalytischer Kongreß in Berlin stattfinden würde. Aber ich hatte es doch auch gehofft:

* Es handelte sich um die *5. Internationale Tagung der Internationalen Vereinigung für Geschichte der Psychoanalyse* (Association Internationale d'Histoire de la Psychanalyse, A.I.H.P.), die unter dem Thema *Spaltungen in der Geschichte der psychoanalytischen Bewegung* im Juli 1994 in der Technischen Universität Berlin stattgefunden hat. Der Vortrag wurde dort am 22.7. gehalten und diskutiert und anschließend in dem Kongreßband *Spaltungen in der Geschichte der Psychoanalyse,* herausgegeben von Ludger M. Hermanns, Tübingen 1995, S. 62 ff., erstmals publiziert. – Die Anmerkungen stehen, der Gliederung des Vortrags in numerierte Abschnitte folgend, hinter dem Text.

Die Spaltungsprozesse, denen diese Stadt unterworfen war – und, da sie diese verinnerlicht hat, noch ist –, machen sie zu einem exemplarischen Studienobjekt psychoanalytischer Psychosenforschung. Nun ist mir klar, daß die Spaltungen, die Sie erörtern, sich auf scheinbar ganz andere Vorgänge beziehen: die Geschichte der Psychoanalytischen Bewegung, die wie jede historische Bewegung ihre Schismen kennt, teils unter ihnen leidet und teils von ihnen lebt – ihnen Klärung, Spannung und Bereicherung verdankt. Aber lassen Sie mich den Blick zunächst von der Psychoanalyse weg auf religiöse Spaltungsprozeduren richten.

I

Religiöse Bewegungen jedenfalls, die Schismen *nicht* kennen, machen sich durch fundamentalistisches Sektierertum (eigentlich nur zwei Worte für die gleiche Sache) verdächtig. Unwillkürlich drängt sich dem Betrachter religiöser Bewegungen eine Beobachtung auf, die wohl für alle Religionen gilt, aber am Exempel des Christentums besonders ins Auge fällt: daß die Verfolgung von Häresien und Häretikern mit Glaubenseifersucht und Glaubenswut nicht erst realen historischen Spaltungsprozessen entspringt – jeder Schismatiker, das Wort besagt es, ein ›Spalter‹ –, sondern das ›Glaubensbekenntnis‹ selbst kreist um derartige Prozeduren als um sein fundamentales Thema. Die göttliche Substanz, oder sagen wir es weniger antikisierend und weniger mystisch: der Triebgrund der Wirklichkeit unterliegt im religiösen Dogma derartigen Prozeduren. Nicht nur die Theologen unter Ihnen, die geheimen und nicht geheimen, werden sich der Mühsal erinnern, die es der Alten Kirche bereitet hat (und den Dogmatikern bis heute bereitet), von den zwei Naturen der einen gottmenschlichen Heilandsfigur und zugleich von den drei Personen der einen göttlichen Substanz zu reden. Das Geheimnisvolle oder auch Vertrackte daran ist: Es sind Spaltungen, die gerade nicht spalten sollen, Spaltung wird als ein Mysterium der Nicht-Spaltung umkreist. Das legt eine doppelte Vermutung nahe. Hier soll Spaltung ein für allemal abgehandelt und besiegelt oder auch, mit dem Ausdruck handwerklicher Konservierungstechnik, ›versiegelt‹ werden. Die Gläubigen sollen sozusagen gegen Spaltung gefeit, sie sollen immun gemacht werden gegen den Krankheitserreger ›Spaltung‹, dem sie doch immer wieder, wie die Geschichte der Kirche zeigt, verfallen. Und andererseits: Im Dogma symbolisiert die Spaltung – in zwei Naturen und in drei Personen – Leben. Erst die derart gespaltene göttliche Substanz ist für einen christlichen Theologen der ›lebendige Gott‹. Wie konnte es dazu kommen?

2

Bitte lassen Sie mich an dieser Stelle eine persönliche Erinnerung einschieben. Als ich nach Kriegsende mit der Psychoanalyse in Berührung kam, begünstigt durch Freundschaft mit Analytikerkindern, gesteuert durch das bis heute anhaltende Interesse an einer realistischeren Philosophie – einer, die auch die Triebprozesse, also das begehrliche und bedürftige Wesen Mensch, in ihre Überlegung einbezieht –, geriet ich in eine Situation der Spaltung – Spaltung in divergierende psychoanalytische Gruppen, die sich heute wieder einander anzunähern scheinen – hinein. Ich kann nicht sagen, daß mich dies sonderlich beunruhigt hätte, es erschien mir eher normal, war auch keineswegs das einzige Beispiel von Nachkriegsspaltung; und als ich dann triebdynamische Prozesse besser verstehen lernte, nahm ich es geradezu als eine Chance, diese mit eigener Anschauung auch und gerade dort aufzufüllen, wo es um ihre therapeutisch aktuelle und theoretisch prinzipielle Verhandlung ging. Und doch verstand ich diese Vorgänge nicht ganz. Vor allem: niemals hätte ich mir träumen lassen, daß ein, zwei Generationen später mit *diesem* Stoff eine stellvertretende Vergangenheitsbewältigung betrieben werden würde. – Aber, um den Faden wieder aufzunehmen, andere Spaltungen beunruhigten mich mehr: die aus der heroischen Vergangenheit der Psychoanalyse, die bis heute Gegenwart ist, die zwischen Psychoanalyse und Psychiatrie, der ich hilflos-zornig gegenüberstand, die zwischen Existentialismus und Schulphilosophie, die ich für mich nicht gelten lassen konnte. Einen Ausweg, oder soll ich besser sagen, eine Klärung bot mir als Nichtanalytiker nicht so sehr die Empirie der Therapie – obwohl ich doch von Fallgeschichten umgeben war –, sondern das, was mich vor allem anderen am Werk Freuds faszinierte: der gattungsgeschichtliche Aspekt seines Werks. Hatte mich die Namengebung ›Psychoanalytische Bewegung‹ anfangs irritiert, so bot sie mir später einen für mich unerwarteten Erklärungsrahmen. Als ›Bewegung‹, wie so viele andere in ihrer Zeit – Jugendbewegung, sozialistische Bewegung, lebensreformerische Bewegungen aller Art; jedenfalls bis diese alle von der einen, der nationalsozialistischen, verfolgt und ausgemerzt wurden, diese den Bewegungsbegriff monopolisierte und sich von da an ohne weiteres spezifizierendes Beiwort ›Die Bewegung‹ nannte –, hatte auch die psychoanalytische einen in meinen Augen heiklen Anspruch erhoben. Sie prätendierte, mehr als eine Denkrichtung oder Therapieform zu sein, vielmehr den Subjekttausch befördern zu helfen, den das Wort ›Bewegung‹ indiziert. Denn ›Bewegung‹ geht durch die einzelnen Subjekte hindurch, erfaßt sie, macht sie zu Teilen eines fundamentaleren Prozesses. Aber widersprach das nicht dem Arbeitsethos des Analytikers, der gerade solche Prozesse – Schicksalsprozesse also – zu analysieren hatte? Hatte Freud, der die Urheberschaft dieser Bewegung rechtens für sich in Anspruch nahm, nicht mit prophetischem Impetus den undurchschauten Ursprungsmächten den Kampf angesagt, die Analyse als ein aufklärerisches Instrument gebraucht gegen private und gattungsgeschichtliche Positionen einer mythenbildenden, opferfordernden, darum auch politisch regressiven Romantik? Klärend war da eine Vorstellung, die den Bewegungsbegriff aus der Konkurrenz der Bewegungen löste; die Klinik und Gattungsaspekt des Werks im Namen einer sehr viel weiterreichenden ›psychoanalytischen Bewegung‹ verband. Es gab ja eine solche, wenn wir aus Freuds Einsichten die Konsequenzen ziehen, immer schon, die Geschichte der Gattung war immer auch ein großes selbstanalytisches Unternehmen, das nach Aufklärung über sich und seine Ziele verlangte, sich immer wieder selbst blockierte und darum immer wieder der Analytiker bedurfte, die – so wie Sie als Analytiker in einen immer schon laufenden, nur eben blockierten selbstanalytischen Prozeß Ihrer Analysanden hineinspringen müssen – in diesen Prozeß hineingesprungen sind und ihn voranzutreiben suchten, ob sie sich nun Propheten nannten oder Philosophen oder Psychoanalytiker wie Freud und heute Sie. Freud hatte *diesen* wie *jenen* Prozeß entdeckt – die psychoanalytische Bewegung in diesem emphatischen Sinne war die der Gattung selbst. – Daran anknüpfend, darf ich Ihnen jetzt schon einen heuristischen Vorschlag machen. Es ist zu prüfen, ob nicht auch die psychoanalytischen Schismen und Häresien letztlich alle – darum sind sie und waren sie immer wieder gleichsam dogmatischer Natur – um gattungsgeschichtliche Probleme kreisen. Mit dem Wort ›Gattung‹, Menschengattung, verwende ich bewußt einen Begriff der europäischen Aufklärungsphilosophie, der die Einheit des Menschengeschlechts durch alle historischen und aktuellen, physischen und psychischen Spaltungsprozesse hindurch beschwört. Ich sage ausdrücklich: durch sie hindurch, nicht an ihnen vorbei in einem doketischen oder jenseits ihrer in einem gnostisch-unitarischen Prozeß. Nicht aus Lust an der antinomischen Darstellung des Triebgeschehens verwarf Freud die eine, gegen Spaltung immune, die Schicksale der gnostischen *psychē* exekutierende Libido Jungs, vielmehr: er setzte – und das in allen Phasen der Ausarbeitung seiner Trieblehre, bis in die kosmologischen Spekulationen seiner Metapsychologie – auf Spaltung. Sowenig er die eigene Bewegung spalten lassen wollte, so sehr setzte er, auch wenn das Kleinianische Instrumentarium noch nicht entwickelt war, auf Spaltung. Das Wort ›Spaltung‹ hat einen gefährlichen politischen Klang, wie auch andere Begriffe in unserer Sprache: der Begriff der ›Zersetzung‹ das prominenteste Beispiel, weil er, seit der politischen Romantik der 20er Jahre, gleich auch das Beiwort ›jüdisch‹ evoziert. Zersetzung, zumal ›innere Zersetzung‹, und Spaltung – die Angst davor, die tiefsitzende Zweifel an personaler Einheit und ›Volksgemeinschaft‹ verriet, hatte diese Worte zu Denunziation tauglich gemacht, sie affirmativ gebrauchen bedeutete zeitweise Widerstand. – So weit meine Schwierigkeiten mit dem Wort ›Bewegung‹ und mein Aufatmen bei einem ernstgenommenen, nicht tabuisierten Begriff der Spaltung. Bitte lassen Sie mich nach diesem eher persönlichen Exkurs zurückkehren zu dem von mir verlassenen, eingangs präsentierten Problem der christlichen Zwei-Naturen-Lehre und zu dem zu ihm noch hinzutretenden der trinitarischen Spaltung. Warum sollten Spaltungsfiguren gerade feien gegen Spaltung, wieso sollten sie eine symbolische Darstellung von Leben sein?

3

Gestatten Sie mir, daß ich das Zwei-Naturen-Problem aus seinem christlich-theologischen Rahmen löse und es an Ovid weiterreiche. Im IX. Buch der ›Metamorphosen‹ schildert Ovid, wie der im Nessushemd brennende Hercules sich einen zweiten Brand, den Scheiterhaufen auf dem Berge Oeta, von seinem Freunde Philoctet entzünden läßt. Dieser zweite Brand soll den ersten löschen. – Die Geschichte ist wohlbekannt. Das Hemd hatte der Riese Nessus, nachdem er sich im Fluß an Hercules' Frau Deianira vergriffen hatte und vom Pfeil des Hercules tödlich getroffen war, mit seinem Blut getränkt. Der Pfeil aber war vergiftet mit dem Blut der Hydra, des Schlangenungeheuers mit den nachwachsenden Köpfen, das Hercules ein für allemal erlegt zu haben vermeinte. Nun wird ihm das schlangenblutgetränkte Hemd von der eigenen Frau als Liebeszauber entgegengeschickt, und nun steht er in zwiefachen Flammen. – Der Ovidische Juppiter kommentiert, an die um den Gottessohn bangenden, furchtsamen Götter gewandt (ich zitiere in der schönen metrischen Übersetzung von Erich Rösch): »Mißachtet die Flammen des Oeta! / Er, der alles besiegt, wird auch dies Feuer besiegen, / nur mit dem Teil, das der Mutter entstammt, die Macht des Vulcanus / spüren; ewig ist, was von *mir* er empfangen, und keinem / Tode fällt es anheim, ist von keiner Flamme zu tilgen. / Dies, sobald es der Erde entledigt, werd' an des Himmels / Strand ich empfangen und hoffe, es wird, was ich tue, den Göttern / allen zur Freude geschehn.« Es folgt ein Seitenhieb auf Juno, die eigene Gattin, die das mit finsterer Miene hört, und alsdann die Apotheose: »Was zu verheeren vermochte die Flamme, das hatte des Feuers / Meister inzwischen getilgt. Und nicht mehr wiederzukennen / blieb zurück des Hercules Bild; er hat von der Mutter / nichts mehr behalten und wahrt allein, was Juppiter prägte. / Und wie, verjüngt, im Glanz der erneuerten Schuppen die Schlange / prangt, wenn zugleich mit der Haut das Alter sie von sich gestreift hat, / so blüht jetzt der Held in dem besseren Teil seines Wesens, / als er des sterblichen Leibes entkleidet; größer zu schauen / ward er, verehrungswürdig in ernster, erhabener Hoheit. / So hat in hohles Gewölk ihn gehüllt der allmächtige Vater / und in dem Viergespann entrückt zu den strahlenden Sternen.« – Sie sehen, hier wird der Halbgott, der er ist, in seine zwei Ursprungshälften zurückgespalten: die Erde, die den mütterlichen Fleischesanteil repräsentiert, und das verjüngte, frischgeschuppte männliche ›Bild‹ – das Mannsbild also in des Wortes redender Bedeutung, das Ovid mit Ironie zu seiner ›besseren Hälfte‹ erklärt. Die erfährt, von der Flamme geläutert, die Apotheose, der Fleischesanteil wird zu Asche verbrannt. Sofort wird uns eine Umkehrung der Verhältnisse deutlich: So wie einmal Erdbestattung, ob nun des Fleisches oder der Asche, das Rücksenken des Toten in den mütterlichen Schoß und somit Neugeburt bedeutet hatte, steht jetzt die väterliche Erhabenheit (›augusta gravitas‹ nennt sie Ovid und läßt sie sogleich von hohlem Gewölk, den ›cava nubila‹, umgeben sein – das die ironische antiaugusteische Wendung des Dichters) für die Immunität gegenüber Tod und verzehrender Flamme; wobei wir gleich wieder an die andere Flamme denken müssen, das Schlangengift im Nessushemd, das ihm die Frau als Liebeszauber entgegenschickt, sein irdisches Verderben also. Auch Ovid hat hieran denken müssen: In der geschuppten Schlange, als die sein verjüngtes Bild jetzt prangt, geistert noch der Schatten der lernäischen Hydra. Wir dürfen resümieren: Die Spannung der Geschlechter, ihr Konfliktverhältnis, ist in der Spaltung ebenso präsent wie annulliert.

4

Gleich dürfen wir vermuten, daß dies, ausgedrückt und abgewehrt, auch im christlichen Dogma der Fall sein wird. Tatsächlich ist der menschliche Anteil Christi sein mütterliches Erbe, aber hinter der Todverfallenen erhebt sich bereits die Große Mutter, die der Maria vorangegangen ist und die in deren leibhafter Himmelfahrt, nunmehr im Schlepptau des Sohnes, triumphal wiederauferstehen wird (schon in der Alten Kirche war der Streit um die Gottesgebärerin, die *theotókos*, überschattet von dem Problem, ob sie als diese mehr vermag oder weniger als ihr göttlicher Sohn), und auch die Drei-Personen-Lehre kommt zeitgleich mit der doppelten Natur ins Spiel. Der göttliche Anteil, sein väterliches Erbe offiziell auch hier, wird, sobald er es antreten will, zu dem bekannten ödipeischen Dilemma führen: Wer von den beiden, Vater oder Sohn, hat originären Umgang mit der alten Windsbraut, dem *hagion pneuma*, spiritus sanctus, Heiligen Geist – der Geistnachfolgerin der vom Gott der Hebräischen Bibel okkupierten *ruach*? Die Frage wird salomonisch so entschieden, daß sie, ohne die die Götter geistlos wären, als deren eigene Emanation ausgegeben wird: eine uralte, in vielen Religionen praktizierte Form der Okkupation. So schluckt Zeus die Metis, die Göttin vom weisen Rat, und monopolisiert so diesen, der ihn sonst leicht durch andere vom Throne stoßen könnte und ihm das Schicksal von Vater und Vatersvater bereiten; so produzieren die Götter des Hindu-Pantheons die große Göttermutter mit ihrer Denkkraft, damit sie ihnen als ihr Geschöpf gegen die Widdergötter, die Titanen der indischen Mythologie, zum Sieg verhilft; und so geht hier, in dem berühmten Zusatz zum Nicaeno-Constantinopolitanum als der entscheidenden Festlegung des christlichen Dogmas, dem ›filioque‹, die Geistkraft von beiden gleichermaßen aus, Vater und Sohn. Was nicht verhindern wird, daß der ödipeische Sohn sich gleichwohl durchsetzt und er zum Pantokrator und Weltenrichter avancieren wird. – Wieder verraten uns die Spaltungen, die festgehalten und zugleich widerrufen werden, ein heikles Terrain: Es handelt sich um die Spannung zwischen den Geschlechtern und den Kampf zwischen ihnen, verschärft durch den Kampf der Generationen. Die Bilder, die diese Konflikte zu balancieren und zu stabilisieren trachten (daß sie es tun, ist das zugleich Realistische und Fiktive an ihnen), haben einen gleichsam intellektuellen Amulettcharakter; sie betreiben, mit einem modernen Wort es zu sagen, eine Konfliktbegrenzungs- und -vermeidungsstrategie. Das in solchen und ähnlichen Formeln erstarrte Leben soll das lebendige gegen selbstzerstörerische Verstrickung schützen, kraft der einmal festgeschriebenen Spaltung es vor weiteren, nicht vorhersehbaren Spaltungen bewahren. Aber sie verraten uns nicht, wieso sie gerade dieses Terrain gewonnen haben und mit Nachdruck behaupten. Sie operieren mit keinem – wie soll ich es am kürzesten und unmißverständlich nennen? – analytischen Konstrukt.

5

Ich hätte jetzt verschiedene Wege, fortzufahren. Nahe läge mir eine systematische Erkundung der Hesiodischen ›Theogonie‹ (ihr entstammte ja bereits das Metis-Beispiel) und der ihr benachbarten ›Werke und Tage‹: mit ihren teils groben Spaltungen (wir können sie auch ›rationalisierend‹ oder ›durchsichtig‹ nennen), teils einem ingeniös ausgeführten inzestuösen Stammbaummodell – das analytisch aufwendigste Konstrukt, das wir kennen, mit ständigem Oszillieren zwischen den Geschlechtern und dem Geschlecht. Bis heute heißt es ja mit doppeldeutiger Wendung der Genealogen, daß die Geschlechter, wenn sie sich in Abkunftslinien zerlegen, ›spalten‹ – was sie da spalten und was sich da spaltet, ist eben das Geschlecht. Grob sind die Spaltungen, mit denen Hesiod Ambivalenz stillstellen will: so wenn er die Göttin Eris, also Zank und Streit, selbst schon ein Symbol für Spaltung, noch einmal in zwei Göttinnen zerlegt und sie unterschiedlichen Abkünften zuweist – die böse Eris, die den unseligen Zank, die gute Eris, die den wohltätigen Konkurrenzkampf verkörpert (ein Verfahren, das seine Attraktivität bis heute nicht eingebüßt hat, hinter dem im übrigen ältere Bilder aufscheinen: Mutterbilder, das versteht sich von selbst, aber auch die Zwillinge in den Mythologien der Völker, von denen immer einer ins Totenreich muß). Raffiniert ist der Bau des Systems, mit psychisch und politisch sehr viel weiterreichenden Implikationen, als die Logik des deduktiven Zwangs, die sich ihm verdankt, vermuten läßt: ein System der Abspaltungen nämlich, das als solches nichts zu verdrängen braucht, vielmehr Prozesse der Verdrängung selber nacherzählbar macht, und eins der Abhängigkeiten, die immer wieder in Empörung umschlagen; und es ist lehrreich zugleich für die Betrachtung des Verhältnisses der Geschlechter. Es ist in allen Teilen geprägt von der Angst vor weiblicher Rachemacht, die der auf sie antwortenden männlichen Herrschaftsausübung als Ursache, statt als Folge, hinzuphantasiert wird. Wie groß die Angst, zeigt gleich die Ausgangskonstellation. Drei erste Ursprünge treten nebeneinander auf. Zwei von ihnen repräsentieren die zwei Hälften einer gleichsam horizontal gespaltenen Urfrau: das Chaos als primäre Schoßmetapher, dem die ›breitbrüstige Erde‹ als die Nahrung spendende mütterliche Potenz beziehungslos zugesellt wird; eine gute, wennschon mörderisch listige Mutter (in ihrem Leibe wächst das Erz der Sichel, mittels derer sie die Umarmung mit dem eigenen Himmelssohn lösen wird; ihr jüngster, selbst dem Inzest entspringender Sohn der Kastrator), oder sagen wir vorsichtshalber: eine ›good enough mother‹ für ihre Kinder ab der zweiten Generation. Aber die Spaltung in Chaos-Schoß und nährende Brust, verschlingende und Leben erhaltende Potenz hat die Spannung nicht gelöst: Auch auf der tragenden und nährenden Erde wütet das Chaos, und in ihr gähnt das große *chasma* von neuem, der unterweltliche Tartaros-Schoß. Die dritte Potenz, ohne direkte Stammbaum-Nachfolge, ist der unberechenbare Eros. – Damit ist vorgezeichnet, daß die Aktionen des Enkelsohns Zeus, der sich an die Stelle seines Vaters Kronos setzte wie dieser an seines Vaters Uranos Statt, trotz sieben offen inzestuöser Ehen, in denen er die alten und die neuen Mächte an sich zu binden sucht (zwei Tanteninzeste, dreimal Cousinen- und zweimal Schwesterninzest), weder Chaos noch Eros auf Dauer bändigen werden. Die Spaltungen werden das System auf Dauer nicht erhalten können. – Ich will den Weg, Ihnen das näher vorzuführen und es mit den Ihnen gebräuchlichen Instrumentarien zu vergleichen, jetzt nicht beschreiten. Er würde der mythologischen Begründung des Spaltungsvorgangs nichts hinzufügen. Ich schlage Ihnen daher ein anderes, begrenzteres Konstrukt vor, dessen Wahl ich zugleich als Hommage an Freud verstanden wissen möchte. Wieder handelt es sich um ein Stück ausgeführter, diesmal können wir auch sagen: zu Ende phantasierter Mythologie, das die Frage ›Spaltung und Geschlecht‹ direkt und unverblümt zum Thema macht. Nach seiner Erörterung werde ich die Frage stellen – fast heißt sie stellen auch schon sie beantworten –, was in dem Vorgang der Spaltung eigentlich am Werke ist, daß es so vieler beschwörerischer Veranstaltungen wie der christlichen Dogmenbildung, der römischen Apotheosenphantasie, der scheinbar allen göttlichen Mächten und Ungeheuern ihren festen Platz anweisenden genealogischen Systembildung wie der des Hesiod zu seiner Bannung bedarf.

6

Freud hat in seiner spekulativsten Schrift, dem auf den Ersten Weltkrieg antwortenden resignativen Entwurf einer neuen, mythologisierenden Trieblehre – ›Jenseits des Lustprinzips‹ lautet ihr desillusionierender Titel –, ein Platonisches Mythologem zitiert. Es hat einen bemerkenswerten Stellenwert in Freuds Spekulation über die konservative Natur des Triebes – daß er nämlich »dem Bedürfnis nach Wiederherstellung eines früheren Zustandes« entstammt –, und es hat einen nicht weniger bemerkenswerten Platz in Platons ›Gastmahl‹. Es handelt sich um die witzige Rede vom dreigeschlechtlichen Eros, die er dort dem Aristophanes, dem Komödiendichter, in den Mund legt und die Widerlager und Absprung bilden wird für die Eros-Rede, die Sokrates hält, in der er sich auf die Seherin aus Mantineia, die Diotima, als eigentliche Geburtshelferin beruft. Ich darf vermuten, daß Sie beides kennen, die Aristophanes-Rede und die sich daran knüpfende Freudsche Spekulation. Jedenfalls möchte ich mich hier auf den Aspekt der Spaltungsprozedur beschränken, danach möchte ich die symbolische Aufladung, die sie bei Platon erfährt, mit ihrer scheinbar ungerührten apologetischen Verwendung bei Freud vergleichen. – Freud hat die Aristophanes-Rede ernstgenommen. Er konstatiert, daß hier eine Hypothese »über die Entstehung der Geschlechtlichkeit« vorgebracht worden sei, wo sonst ein ›Dunkel‹ herrsche, in das auch nicht ein ›Lichtstrahl‹ fällt. Die Aristophanische Figur der Spaltung gleich buchstäblichen Zerschneidung der drei Urgeschlechter, mit deren Hilfe Platon elegant Heterosexualität zu einem Sonderfall macht, hat Freud zu seiner Katastrophentheorie der Lebensentstehung animiert: »daß die lebende Substanz bei ihrer Belebung in kleine Partikel zerrissen wurde, die seither durch die Sexualtriebe ihre Wiedervereinigung anstreben«. – Ich skizziere zunächst den Katastrophenaspekt des Vorgangs, der bei Platon noch *vor* der Teilung angesiedelt wird. Katastrophisch ist schon die Verzögerung der Rede, die sie näher an die Sokratische Eros-Rede heranrückt: Ein heftiger Schluckauf hindert den Dichter am Sprechen, die Rede des Arztes wird vorgezogen, nur mit starkem Niesen kommt Aristophanes dem Schluckauf bei. Katastrophisch ist alsdann der Anlaß für die buchstäbliche Spaltung der drei urmenschlichen Geschlechter. Kugelförmig seien sie gewesen, das männliche, das weibliche und das gemischte, mit jeweils zwei Geschlechtsteilen, vier Armen und vier Beinen, wie die Zikaden in die Erde zeugend, radschlagend mit ihren acht Extremitäten, unermüdbar und dabei so stark, daß sie Hand an die Götter legen und deren Himmelssitze erobern wollten. Diese Katastrophe wird durch die Hälftung – Spaltung oder Zerschneidung, beide Worte werden gebraucht – der Kugelwesen erfolgreich abgewehrt: eine Aktion, die über einen gleich noch zu beschreibenden kleinen Umweg zur gleichsam operativen Erzeugung der jetzt auf Erden lebenden Menschen führt. Der Eingriff wird als erstaunlich aseptisch beschrieben: Zeus übernimmt die saubere Durchführung des Zerschneidens (so wie man Birnen zerschneidet oder Eier mit einem Haar), Apollon hat für den erforderlichen plastischen Auf- und Umbau zu sorgen. Er muß die Gesichter mit den Hälsen um 180 Grad verdrehen, die Haut »über das, was jetzt Bauch heißt«, von allen Seiten zusammenzuziehen und das, was wie ein geschnürter Geldbeutel wirkt, zu einer Mündung namens ›Nabel‹ zusammenbinden, die Falten glätten, die Brust montieren – nur einige Falten, zum Beispiel am Bauch, bleiben stehen, damit die Menschen an ihr

Leid (gemeint ist wohl der Anlaß ihres Leidens!) erinnert werden. – Dieser Operation also werden alle drei Geschlechter unterzogen: das ganz männliche, das ganz weibliche und das gemischte. Von da an, so der Bericht, sucht jede Hälfte sehnsüchtig ihre andere Hälfte, und vor Hunger, Untätigkeit und Erschöpfung gingen sie zugrunde – denn noch waren ihre Geschlechtsteile, wie vordem, an den kugeligen Außenflächen angebracht. Da erbarmte sich Zeus der Menschen, auf deren Opfergaben die Götter nicht verzichten wollten, und versetzte die Geschlechtsteile nach vorn, und von da an funktionieren die Geschlechter so wie heute: das der Frauen, die nach der Frau verlangen (es ist der Erde entsprungen, diesem Geschlecht entstammen die Buhlerinnen), das der vordem gemischten Wesen, wo jetzt Frau den Mann und Mann die Frau begehrt (ihm entstammen die Ehebrecherinnen und Ehebrecher, sein alter Ursprung ist der Mond), und endlich das der nur den Mann suchenden Männer: sie, von der Sonne herrührend, sind das eigentlich mutige und männliche Geschlecht, nur ihm – das sei Beweis genug – entstammen die Staatsmänner im Wortsinn. Auch wenn gesetzlich zu Ehe und Kindererzeugung genötigt, sind sie es, die, nach ihren Wünschen befragt, in Wahrheit eins sein wollen und nicht bloß zwei sich nach Ergänzung sehnende Hälften.

7

Wir fragen zuerst, wie Platon zu seinen Kugelwesen gekommen ist, und folgen dabei dem Wink, den er uns gibt. Er selbst vergleicht ja diese mit zwei anderen rebellischen Uraltwesen, dem Otos und dem Ephialtes, sagt, was Homer von jenen gesagt, beziehe sich eigentlich auf sie; und Otos und Ephialtes, die einst die Gebirge Pelion und Ossa aufeinandertürmten, um die Götter aus dem Olymp zu jagen, sind uns noch aus anderer antiker Quelle bekannt als ein schrecklich büßendes, gleichsam einkörperiges Unterweltspaar: Rücken an Rücken mit Schlangen an eine Säule geschnallt und von der stygischen Eule gequält – das so erzeugte Ganze bereits ein Racheprodukt, anfängliche Ganzheit also ein böser unterweltlicher Schein. – Wir fragen weiter: Was soll der witzige Katastrophenmythos (und Aristophanes spielt alle seine komischen Wirkungen aus: zum Beispiel die Menschen, wenn weiter aufsässig, könnten noch einmal geteilt werden, jetzt senkrecht über die Nase weg, so daß sie als Viertelwesen herumlaufen müßten wie die Leute auf Grabreliefs), über die Geschlechter-Entstehungsphantasie hinaus, eigentlich erklären? *Eine* Antwort hat sich uns bereits nahegelegt: die zwanglose Verschiebung von der erotischen Ergänzung zum mann-männlich Einen, das so seinerseits die materiale Ausgangsposition bieten kann für die Suche nach dem idealen Einen – das jenseitig Schöne in der Diotima-Rede des Sokrates, wo zwar auch Vereinigung winkt, aber nunmehr eine im Geist, ohne Menschenfleisch und Farbe und ohne Leiden. Die *zweite* Antwort schließt sich daran an: Wer die Wunde der Teilung heilen will, muß zur ›alten Natur des Menschen‹, seiner *archaia physis*, zurück. Dies tut das mann-männlich Eine. – Sie sehen: Platon hat das Kunststück fertiggebracht, eine gescheiterte Rebellion in die Sehnsucht nach dem Alten, Wahren, Ganzen umzumünzen. Am folgenreichsten aber, auch für den von Ihnen ausgeübten Beruf des Analytikers, ist die Instrumentalisierung gleich Neubestimmung des Worts, das die Übersetzungen mit ›Gegenstück‹, ›Halbmarke‹ und ›andere Hälfte‹ oder einfach ›Stück von einem Menschen‹ wiedergeben. Bei Platon lautet das Wort *xymbolon*, Symbol. Hier, in diesem Mythos, hat das Wort ›Symbol‹ seine libidinöse Aufladung erfahren, die es sowohl staatswie analysetauglich macht. Vorher war *symbolon (xymbolon)* ein Wort der Umgangssprache: zunächst das Erkennungszeichen, die zerbrochene Münze, an deren zueinander passenden Teilen der Gastfreund den Gast erkennt, dann jeder beliebige, zum Eintritt, in das Theater zum Beispiel, berechtigende Scherben – aber niemals hatten diese Stücke Sehnsucht nacheinander und träumten von Vereinigung. Begierde wird in das Wort jetzt erst eingetragen, und zwar gleich mit der charakteristischen, die Geschichte des Symbolgebrauchs bis heute begleitenden Ambivalenz, die seine Instrumentalisierung erst ermöglicht hat: Es oszilliert zwischen der Stellvertretung für den begehrten Anderen, der abwesend ist und doch präsent sein soll, und der Stellvertretung für das Alte, Wahre, Ganze, das die Aufopferung der Teile und das Erlöschen ihres Begehrens zu seinen Gunsten verlangt. Mit der Karriere des libidinös aufgeladenen Symbolbegriffs beginnt zugleich seine Karriere als Ursprungsmaske – beide sind Platons Erfindung.

8

Freud kam es darauf an, die Aristophanes-Rede so ambivalenzfrei wie möglich zu halten, eben ›jenseits‹ des Lustprinzips. Er hat ja die Platonische Figur der Spaltung zur Stützung seiner These vom konservativen Charakter des Triebs verwandt, nicht zur Stützung der These vom konservativen Charakter des Staats wie Platon. Der Wiederholungszwang hatte Freud bis dahin das einzige empirische Argument für seine These geliefert: Wiederholen sei eigentlich nichts anderes als ein blockiertes *Wieder*holen, ein nicht gelingendes Zurück. Platons suggestiver Formulierung folgend, hat Freud die Unstimmigkeit der Aristophanes-Rede, die im übrigen ihren bitteren Witz ausmacht, bewußt nicht wahrgenommen. Aber er hat wohl unbewußt auf sie reagiert. Die ›alte Natur‹ der Urmenschenwesen war ja gerade ihre rebellische Kraft und Stärke, hinter ihnen stand nicht umsonst ein Bild der Tortur. Freuds Zurück, insoweit unter dem Bann der Platonischen Einheitsphantasie, sieht anders aus: Die ungestörte Ruhe des Anorganischen soll wiederhergestellt werden, die katastrophische Vorgeschichte fällt aus der Analogie heraus. Aber wir dürfen vermuten: Freuds Katastrophenformel von der Entstehung des Lebens –

»daß die lebende Substanz bei ihrer Belebung in kleine Partikel zerrissen« worden sei – könnte das Echo auf die ausgeblendete Seite von Rebellion und Bestrafung sein. Zugleich greift sie, auch das sei angemerkt, seismographisch der Geschichte vor. Der heutige Leser kommt bei dieser Formel nicht umhin, an aktuelle physikalische Mythologeme zu denken; den ›Urknall‹ etwa, diese Eruption in kosmischem Maßstab, dem ein nicht minder katastrophisch gedachtes Schoßmythologem als Untergangsvision entspricht: das ›Schwarze Loch‹, das alles, auch die Erinnerung, spurenlos in sich hineinsaugt. Und er wird zugleich an aktuelle psychische Gefährdungs- und Schutzmechanismen erinnert: psychotische Zerstückelungen, bis hin zur Atomisierung der Psyche, als eine feiende Vorwegnahme von Zerreißungsprozeduren, denen wir bei lebendigem Leibe ausgesetzt sind und denen wir mit Verdrängung nicht oder nur unzureichend beizukommen vermögen. – Ich lasse es bei diesem Hinweis bewenden, damit ich die entscheidende Frage – die übrigens schon Freud beschäftigt haben mag, als er den Platonischen Spaltungsmythos eine Hypothese »über die Entstehung der Geschlechtlichkeit« nannte – mit mythologischem Realismus stellen kann: Was hat das Mythologem der Spaltung symbolisch zu bedeuten, was, in mythologischem Kontext, wird da behauptet und was verdrängt? Die Frage stellen, sagte ich, heißt fast schon sie beantworten, und diese Antwort wird Licht werfen auch auf andere affektbesetzte Spaltungsvorgänge.

9

Das Platonische Mythologem war die Geschichte von der Entstehung der ihres Geschlechtes sich bedienenden Geschlechter – erst das sind wir. Platon läßt Aristophanes also ein Geburtsmythologem erzählen – als Strafaktion. Die Spaltung der Geschlechter, die sie in Liebe zueinander entbrennen läßt, wird aus der Sphäre der Schoßgeburten, in der wir sie samt Chaos-

Verteufelung bei Hesiod noch angesiedelt sahen, in eine aseptisch-chirurgische Operation von Männern – männlichen Göttern – überführt. Ausgerechnet ›Spaltung‹ ist an die Stelle des Geburtsvorgangs getreten – damit wird die Rolle des Geburtsvorgangs für eine andere Weiterverwendung frei. Platon nennt sie das ›Im-Schönen-Gebären‹, die Produktivität in jener idealen Sphäre, für die die Seherin aus Mantineia als eine ihr Geschlecht verleugnende Geburtshelferin bemüht werden mußte. Die apotheotische Leistung Platons ist sehr viel perfekter als die des Ovid, der den mann-männlichen Mechanismus der Apotheosierung offenlegte: ein Spaltungsvorgang, der an die Stelle eines Wiedergeburtsrituals trat. Platon läßt den Geburtsvorgang hinter der Spaltung verschwinden – andererseits läßt er ihn als männliches Privileg, im Philosophenmysterium der hierfür in Dienst genommenen Diotima, wieder auferstehen. – Was bedeutet demnach mythologisch das Symbol der Spaltung? Es ist die männliche Okkupation der Schoßgeburt. Nirgends ist das ›schlagender‹ ausgedrückt, im buchstäblichen Sinn des Wortes, als in dem Ihnen allen geläufigen Uraltmythos von der Kopfgeburt der Athene. Während Erdtöchter wie die Persephone oder die Pandora auf Vasenbildern den Spalten oder vulvaartigen Höhlungen der Erde entsteigen, andererseits Männer mit Hämmern und Hacken bereitstehen, auf ihre Weise an der Geburt mitzuwirken, ist im Falle der Athene die Konkurrenz schon entschieden. Sie ist dem Kopf des Zeus implantiert, *damit* ihre Geburt durch Spaltung bewirkt werden kann. Hephaistos spaltet das Haupt. Sie entspringt nicht der Spalte, sondern kraft Spaltung – so erst gelingt die Domestizierung dieser einst wilden Göttin, die das Schlangenhaupt der Medusa auf der Brust ihren Feinden entgegenträgt als Zeichen derer, die sie einmal war, zur Handlangerin und zum Echo des Zeus.

10

Das gattungsgeschichtliche Symbol der Spaltung, ein erst mit Strafangst und Rachephantasie, danach mit Vereinigungssehnsucht und Ganzheitspathos aufgeladener Begriff (wir haben ja die affektiven Besetzungen bis hin zur unterweltlichen Tortur der Otos-Ephialtes-Geschichte dank Platons Erzählung kennengelernt), soll die Spalte verdrängen, aus der wir kommen, auch die Erinnerung an die Berührung mit ihr (darum das Aseptische der Operation in Platons Erzählung – und in vielen unserer Bemühungen heute, Spaltungen erträglich zu machen, sie als ganz normale Abspaltungen zu behandeln, denen mit ganz normalen Wiedervereinigungsprozeduren beizukommen ist; mehr heute nicht zur Situation in dieser Stadt). Aber das ist nur die eine Seite. Die andere ist: Eben das, was hier verdrängt und doch bitter benötigt wird, kehrt in der Erwartung wieder, daß uns Spaltung nicht nur – ich darf einmal vulgo so weiterreden – gegen die Spalte feit, sondern auch deren Geburtsfunktion zu übernehmen vermag. – So waren die kunstvollen Spaltungsprozeduren des Dogmas zugleich Entbindungsprozeduren für den ›lebendigen‹ Gott, der hier gleichsam als ein dogmatisches Mysterienkind erscheint – die spirituelle Konkurrenz für das in der Krippe, das seinen Marterweg antreten wird; dabei so unverwundbar und gefeit wie jenes andere Mysterienkind, das in der Flamme von Eleusis geläutert wird und Todlosigkeit verheißt. Und Todlosigkeit verheißen auch die Spaltungsprozeduren der philosophischen Systeme, die sich an das Dogma anschließen werden: schmerzfreie Wiedergeburt der Wirklichkeit kraft begrifflicher Spaltungsmacht – ein Distinktionengewimmel, das an einen spirituellen Fruchtbarkeitszauber denken läßt. Wiederum, in den Schoßphantasien der christlichen Mystik tritt das Verdrängte offen zu Tage, aber es spaltet sich nicht ab, sondern Mystiker und vor allem Mystikerinnen bemühen sich darum, aus den distinkten Spaltungen des Dogmas selbst die libidinösen und katastrophischen Aspekte eines teils verinnerlichten, teils ins Kosmische geweiteten Geburtsmysteriums zurückzugewinnen. Wo die dogmatischen Bindungen gekappt werden, aber die Spannung der Geschlechter nicht ins Licht gehoben wird, sondern in zerstörerischem Rollenspiel weiterwirkt, treten wüste Schoßphantasien und Opferordnungen an ihre Stelle. – Hätte ich meine Zeit ökonomischer genutzt, könnte ich Ihnen jetzt vor Augen führen, wie – ein geradezu klassisch-diagnostisches Beispiel dafür – Martin Heideggers zentraler Begriff der ›ontologischen Differenz‹, anfänglich noch ein fast dogmatischer Begriff: ein Bild der Spaltung, in dem das »ontisch-ontologisch gegabelte Wesen von Wahrheit« erscheint, schließlich ganz zu einem verschlingenden Ursprung wird; einem in Bewegung geratenen Geklüft, dem ›Seyn‹, dem alles Seiende zum Opfer fällt – seinerzeit zugleich ein politisches Emblem und dessen Überbietung ins Kosmische. – Ich kehre zum Ausgangspunkt zurück. Daß Freud auf ›Spaltung‹ setzte, auch wenn ihn die These vom konservativen Charakter des Triebs bis an den resignativen Rand der Rede von der einen Triebnatur – der Lebenstrieb nur ein versteckter Todestrieb – zu führen schien, können wir auf diesem Hintergrund, für den der Heidegger der 30er Jahre nur ein spätes Exempel ist, gut verstehen. Im Streit um das Privileg der Geburt, mit dem mythologische Phantasie das Symbol der ›Spaltung‹ aufgeladen hatte, war männlicher ›Geburtsneid‹ mit einer politisch-romantisch verklärten, bald auch völkisch und staatlich brutal inszenierten Schoßphantasie ein bedrohliches Bündnis eingegangen. Hier gegenzusteuern machte aus dem Begriff der Spaltung – im gleichen Augenblick, in dem er zu Denunziation tauglich wurde – ein Instrument des Erkennens und ein Symbol des Widerstands. – Ich breche ab. Die mythologischen Konstrukte, von denen ich Ihnen berichtet habe, haben uns – und genau das hat ja ihre Einbeziehung in den psychoanalytischen Kontext von Freud an bis zu uns ermöglicht – auf ein bis heute nicht verlassenes Terrain geführt. Angst und Abwehrzauber halten es besetzt bis zum heutigen Tag. Es darstellbar gemacht zu haben, samt allen Projektionen, die dabei im Spiele sind, war die große gattungsgeschichtliche Leistung des Mythos, ihr bin ich in meinem Vortrag ein Stück weit gefolgt. Von *Ihrer* Arbeit wünsche ich mir, daß Sie, Freud folgend, auch *jenes* Terrain zu Rate ziehen mögen in Ihren Analysen, die immer auch solche im Aufklärungsprozeß der Gattung sind, und es nicht den Abspaltungen anderer Schulen zu exklusiv-remythologisierendem Gebrauch überlassen. Ich danke Ihnen für Ihre Aufmerksamkeit.

Anmerkungen

Zu 1

Eine konzise Darstellung des christlichen Dogmenstreits noch immer: Johann Heinrich Kurtz, *Handbuch der Allgemeinen Kirchengeschichte*, Ersten Bandes zweite Abteilung, Mitau 1858, dort III: Lehrstreitigkeiten und Häresien, S. 99-250.

Zu 2

Vgl. meine Darstellung *Anfangen mit Freud – Die ›wiederentdeckte‹ Psychoanalyse nach dem Krieg*, s.o., S. 9 ff.

Zu 3

Hercules' Flammentod und Himmelfahrt: Ovid, *Metamorphosen*, in deutsche Hexameter übertragen und mit dem Text herausgegeben von Erich Rösch, München 1961, IX, 98-272; von mir zitiert: 249-272; ›augusta gravitas‹ und ›cava nubila‹ 270 f.

Zu 4

Streit um die *theotokos*: Um ihre Vergöttlichung zu vermeiden, mußte sie ihrerseits von der ›göttlichen Weisheit‹ (*hagia sophia*) strikt geschieden werden. – *ruach elohim*: Genesis I 2. – Zeus schluckt Metis: Hesiod, *Theogonie*, 886-900. – Die Produktion der Göttermutter in der indischen Mythologie: vgl. Heinrich Zimmer, *Maya. Der indische Mythos* (1936), Zürich 1952, S. 414. – Das Nicaeno-Constantinopolitanum kennt das ›filioque‹ noch nicht (es hätte wohl zu sehr an Arius erinnert, der den Geist zu einem Geschöpf des Sohnes – creatum per filium – erklärt), erst Augustinus und das sog. Symbolum Athanasianum führen es ein.

Zu 5

Die zwei Göttinnen Eris: Hesiod, *Werke und Tage*, 11-26. – Chaos, Gaia *eurysternos* (breitbrüstig) und Eros: ders., *Theogonie*, 116-122;

chasma mega (großer Schlund): ebd. 740; die 7 inzestuösen Ehen des Zeus: ebd. 886-923 (Metis, Themis, Eurynome, Demeter, Mnemosyne, Leto, Hera; später – 937 ff. – werden weitere nachgeschoben).

Zu 6

Freuds Spekulation über die konservative Natur des Triebes: *Jenseits des Lustprinzips* in *Gesammelte Werke* XIII, London 1940, S. 38 ff.; der Platonische ›Mythus‹ von der »Entstehung der Geschlechtlichkeit« und die ›Annahme‹ von der Zerreißung der »lebenden Substanz bei ihrer Belebung«: ebd. S. 62 f. – Die katastrophische Vorbereitung der Aristophanes-Rede in Platons *Gastmahl*: *Symp.* St. 185 C/D und 189 A/B (Schluckauf und Niesen, Niesen und Lachen); die Aristophanes-Rede: St. 189 D-193 D; die aseptische Operation: 190 D-191 A (ich verwende in ihrer Beschreibung Wörter und Wendungen aus der Übertragung von Kurt Hildebrandt, Lpz. 1912); das homoerotische Privileg, eins (›Einer‹) sein zu wollen (*ek dyein heis genesthai*): 192 E (zitiert hier und im folgenden nach *PLATONIS OPERA OMNIA, uno volumine comprehensa*, Ed. Stallbaum, Leipzig und London 1899).

Zu 7

Otos und Ephialtes: bei Platon *Symp.* St. 190 B/C; dazu Homer, *Odyssee* XI, 307 ff. (die Gebirge aufeinandertürmen: 315 f.); als schreckliches Unterweltspaar: Hyginus, *Fabulae*, fab. 28. – Noch einmal zerschnitten wie die Leute auf Grabreliefs: *Symp.* St. 193 A. – Das Schöne ohne Menschenfleisch und Farbe, rein und ungemischt: ebd. St. 211 E; ohne Leiden (*mede paschein meden*): 211 B. – Die *archaia physis*: ebd. St. 191 D (die Suche nach dem Anderen) und 192 E / 193 A (die Suche nach dem Ganzen), mit erotischer Rückwendung: 193 C. – Übersetzungen des Platonischen *xymbolon* (St. 191 D): ›Gegenstück‹ bei Hildebrandt, l.c.; ›Halbmarke‹ und ›andere Hälfte‹ bei Susemihl in Platon, *Sämtliche Werke* I, Berlin o.J., S. 683; ›Stück von einem Menschen‹ bei Schleiermacher (1804).

Zu 8

Wiederholungszwang als empirisches Argument für den »regressiven Charakter der Triebe«: Freud, l.c. S. 64; Rückkehr zum Anorganischen: ebd. S. 40.

Zu 9

›Im Schönen Gebären‹: Platon, *Symp.* St. 206 B (*touto tokos en kalo*, zunächst noch *kata to soma kai kata ten psychen*, aber auch diese Mysterienformel macht den Aufstieg durch die Sphären mit: St. 212 A, *tekonti de areten alethe*; soweit ich sehe, hat nur Karl Kerényi, *Der große Daimon des Symposion*, *Albae Vigiliae* Heft XIII (Amsterdam/Leipzig 1942), S. 25, *tokos* als Gebären – und nicht ›Zeugen‹ – ernstgenommen). – Kopfgeburt der Athene: Hesiod, *Theogonie*, 924. – Bilder der Erdgeburt gesammelt bei Jane Harrison, *Prolegomena to the Study of Greek Religion*, Cambridge 1903, Nachdr. der 3. Aufl. (1922) New York 1955, dort: The Anodos of Maiden Earth-goddesses, pag. 276 ff., fig. 67-71. – Zum Verhältnis Athene – Medusa vgl. mein *Floß der Medusa. 3 Studien zur Faszinationsgeschichte*, Basel/Frankfurt a. M. 1995, die 1. Studie, S. 9 ff., und die 1. Beilage, S. 155 ff.

Zu 10

Das andere Mysterienkind in der Flamme von Eleusis: im Hymnos *An Demeter* der sog. *Homerischen Hymnen* (griech. und deutsch herausgeg. von Anton Weiher, München o.J.) der kleine *Demophon*, den Demeter nächtlich wie ein Holzscheit ins Feuer steckt (V. 238 f.); im Bericht des Kirchenvaters Hippolytos *Brimos*, den Brimo im Feuer gebar (hierzu und zur Feuertradition von Eleusis vgl. Karl Kerényi, *Die Mysterien von Eleusis*, Zürich 1962, S. 98 ff.). – Zum ›verinnerlichten‹ Geburtsmysterium: vgl. Meister Eckehart, *Deutsche Predigten und Traktate*, herausgeg. und übersetzt von Josef Quint, München 1963[2], *Pr.* 23, S. 258 (»So tut's Gott: Er gebiert seinen eingeborenen Sohn in das Höchste der Seele. Im gleichen Zuge, da er seinen eingeborenen Sohn in mich gebiert, gebäre ich ihn zurück in den Vater«); zur Weitung des Geburtsmysteriums ins Kosmische: vgl. Hildegard von Bingen, *Scivias*, zit. nach Wolf Brixner, *Die Mystiker. Leben und Werk*, Augsburg 1987, S. 152 (»Darum hebt sich zuweilen der Feuerball empor, und viel Feuer sprüht ihm entgegen, so daß seine Flammen weiter hinauslodern. Sie zeigen die Stunde an, da der Eingeborene Gottes zur Erlösung und Erhebung des Menschengeschlechtes nach dem Willen des Vaters Fleisch annehmen sollte«). – Heideggers ›ontologische Differenz‹ und das »ontisch-ontologisch gegabelte Wesen von Wahrheit«: *Vom Wesen des Grundes*, Halle 1929, 2. Aufl. 1931, S. 8 (hier schon mit der ursprungsmythischen Wendung, daß ein solches Wesen »nur möglich« sei »in eins mit dem Aufbrechen (!) dieses Unterschiedes«). – Das in Bewegung geratene Geklüft: Heidegger spricht in *Beiträge zur Philosophie (Vom Ereignis)*, geschrieben 1936-38, postum erschienen als Band 65 der *Gesamtausgabe*, Frankfurt am Main 1989, mit Worten wie ›Zerklüftung‹ und ›Erklüftung‹ des ›Seyns‹ nicht von dessen kategorialer oder modaler Topographie, sondern von einem medialen Geburtsakt: die von ihm so benannte ›Erzitterung‹ des ›Götterns‹, also gleichsam das Kreißen des Seins, »bedarf der abgründigsten Zerklüftung« (127. Die Zerklüftung, S. 244, dazu 156.-159., S. 278 ff.). »Erklüftung ist Er-eignung«: sie ›gründet‹ Wahrheit und wird nunmehr für »das tiefste Wesen der Geschichte« verantwortlich gemacht (190. Vom Dasein, S. 311). Dazu gehört ein den staatlichen Moloch zugleich reproduzierendes und überbietendes Opferritual: Nicht nur »wird alles Seiende dem Seyn geopfert«, sondern erst als geopfertes »erhält ... das Seiende als solches seine Wahrheit« (S. 230); vgl. auch das Nachwort zur 4. Aufl. von *Was ist Metaphysik?* (Bonn 1929) von 1943, S. 44 f.